SYMBOLIQUE RELIGIEUSE (SIC SIMBOLIQE RELIGIEUSE)

suivi de Symbolique des Religions

LOUIS MÉNARD

Alicia Éditions

Table des matières

SYMBOLIQUE RELIGIEUSE

PANTHÉON	7
L'ORIENT ET LA GRECE	9
RELIGION ET MORALE	12
MORALE SOCIALE	14
POLYTHÉISME INDO-EUROPÉEN	16
LES LOIS ÉTERNELLES	18
SYMBOLIQUE DE L'HELLÉNISME	21
RÉVÉLATION SPONTANÉE	24
ARYAS ET SÉMITES	26
LES GRECS ET LES JUIFS	28
SOURCES MULTIPLES DU CHRISTIANISME	30
SYNTHÈSE CHRÉTIENNE	32
TRANSFORMATION DES CROYANCES	35
ISLAMISME	40

SYMBOLIQUE DES RELIGIONS

MYTHOLOGIE CHRÉTIENNE	45
LE VERBE	50
APOTHÉOSE DU FÉMININ	55

L'HOMME   59
Philippe BERTHELOT

SYMBOLIQUE RELIGIEUSE
COURS D'HISTOIRE UNIVERSELLE

PANTHÉON

Le temple idéal où vont mes prières
　　Renferme tous les Dieux que le monde a connus.
Évoquées à la fois dans tous les sanctuaires,
Anciens et nouveaux, tous ils sont venus ;

Les Dieux qu'enfanta la nuit primitive
Avant le premier jour de la création ;
Ceux qu'adorent, en ses jours de vieillesse tardive,
La terre, attendant sa rédemption ;

Ceux qui, s'entourant d'ombre et de silence,
Contemplent, à travers l'éternité sans fin,
Le monde, qui toujours finit et recommence,
Dans l'illusion du rêve divin ;

Et les Dieux de l'ordre et de l'harmonie,
qui, dans les profondeurs du multiple univers,
Font ruisseler les flots bouillonnants de la vie
El des sphères d'or règlent les concerts ;

Et les Dieux guerriers, les vertus vivantes
qui marchent dans leur force et leur mâle beauté,
Guidant les peuples fiers et les races puissantes
Vers les saints combats de la liberté ;

Tous sont là : pour eux l'encens fume encore,
La voix des hymnes monte ainsi qu'aux jours de foi ;
À l'entour de l'autel, un peuple immense adore
Le dernier mystère et la grande loi.

Car c'est la qu'un Dieu s'offre en sacrifice ;
Il faut le bec sanglant du vautour éternel
Ou l'infâme gibet de l'éternel supplice,
Pour faire monter l'âme humaine au ciel.

Tous les grands héros, les saints en prière
Veulent avoir leur part des divines douleurs,
Le bûcher sur l'Oeta, la croix sur le Calvaire,
Et le ciel au prix du sang et des pleurs.

Mais au fond du temple est une chapelle
Discrète et recueillie, où des cieux entrouverts,
La colombe divine ombrage de son aile
Un lis pur, éclos sous les palmiers verts.

Fleur du paradis, Vierge immaculée,
Puisque ton chaste sein conçut le dernier Dieu,
Règne auprès de ton fils, rayonnante, étoilée,
Les pieds sur la lune, au fond du ciel bleu.

L'ORIENT ET LA GRECE

❧

Dans les plus lointains souvenirs de l'histoire, nous voyons, aux pâles flambeaux de la tradition et de la légende, des races puissantes grandir et disparaître. Ces races, étudiées isolément, ont eu leurs périodes de maturité et de vieillesse, mais comparées à celles qui les ont suivies, elles représentent l'enfance de l'humanité. Avec cette vitalité puissante, cette confiance infinie de l'enfant dans l'avenir, elles creusent des montagnes et taillent dans le granit des monuments éternels. Comme l'enfant aussi, étonné et inquiet de la faiblesse de l'homme devant la toute-puissante nature qui l'enveloppe et le pénètre, l'antique Orient en adore les forces énergiques et sauvages, formes multiples d'une substance infinie, toujours immuable sous ses mille incarnations, tantôt bienfaisante, tantôt funeste ; le lion du désert et le mystérieux dragon ont des temples comme les astres impérissables qui versent d'en haut leur lumière sacrée et leurs occultes influences.

Cette vie si mobile et si régulière, inconsciente et sûre d'elle-même, le frappe de respect et d'épouvante. Tantôt, il veut se dégager des bras de cette nature absorbante et terrible, tantôt, il se précipite, tête baissée, dans le tourbillon de la vie universelle. La grande prostituée de Babylone convie aux fêtes de Mylitta les peuples sensuels de la Chaldée. Les forêts vierges de l'Inde sont jonchées de pâles anachorètes qui, fermant les yeux au rêve divin, cherchent l'immuable caché sous l'illusion mobile des apparences et s'y noient comme dans une mer pour échapper au fardeau des métempsycoses. L'Égypte se couche le long de son fleuve, et dans ses temples de granit où rugissent les monstres de l'Afrique, garde le secret du sphinx éternel. Les races belliqueuses de l'Asie, cherchant la solution de l'antimoine d'où résulte la vie, acceptent la bataille et entrent dans l'arène où lutent la lumière et les ténèbres, le bien et le mal, l'être et le néant.

La famille est la base de l'organisation des sociétés orientales. Pour l'enfant, le monde est concentré dans la famille où il trouve la protection que sa faiblesse réclame. L'autorité unique du père de famille, du patriarche, est absolue et incontestée, parce qu'elle est nécessaire. Ses femmes et ses enfants lui obéissent parce qu'il les protège ; il n'y a là ni droit ni devoir, mais un lien naturel d'affection et de reconnaissance qui n'est jamais contesté. La famille en se multipliant devient la tribu, et l'Orient qui, dans les périodes les plus avancées de sa civilisation, garde les caractères de l'enfance, ne conçoit d'autre forme sociale que la monarchie. La nature lui offre le modèle de cette société primitive, soit qu'il retrouve le père, la mère et les enfants dans le soleil, la lune et les étoiles, soit que le ciel et la terre lui représentent le couple divin qui engendre et nourrit tous les êtres. Le fond commun de tous les dogmes orientaux est le culte de la force, religion naturelle de la faiblesse et de l'enfance.

Cependant l'enfant grandit ; dans les forêts, il a dompté les monstres, et le sentiment de sa force lui donne la notion de son droit. La fière jeunesse se fortifie par la lutte et prend conscience de sa dignité morale. Dans l'âpre Idumée, si Job se plaint de l'injustice d'Yahweh, le Dieu du désert lui répond : « Où étais-tu, quand j'ai semé les étoiles ? » Job se tait ; un Grec aurait dit : « Seigneur, tu es fort, cela ne te dispense pas d'être juste. » En Grèce, l'homme est si grand qu'il traite les dieux en égaux. Œdipe se déclare innocent de son crime involontaire, car il n'a pas violé sciemment les lois dont parle Antigone, ces lois primitives, écrites dans la conscience humaine. Les Dieux-même leur sont soumis, ou plutôt ils sont eux-mêmes les lois de la nature et de l'esprit, ils sont l'ordre et la proportion de l'univers, ces Dieux de l'harmonie, incarnés dans le marbre, en vain blasphémés depuis par l'impiété des races barbares, et qui ont révélé au monde l'idée du droit dans la politique, l'idée du beau dans l'art. Ce n'est pas la crainte qui les révèle, c'est l'admiration pour la beauté du monde, et on les honore par le culte libre et facile de l'amour, comme il convient aux Dieux de la beauté. Dans les fêtes joyeuses de la moisson et des vendanges, un peuple libre leur offre le seul hommage digne d'eux, le spectacle de son bonheur.

RELIGION ET MORALE

Il y a un rapport nécessaire entre la morale des peuples et leur religion. quelque nom qu'il donne à ses dieux, l'Orient n'adore que la force. Devant les formidables puissances qui l'étreignent et l'écrasent, l'homme humilié ne peut que supplier et obéir. La loi descend du ciel au milieu des éclairs ; le peuple la reçoit à genoux et l'exécute en tremblant. Cette loi, c'est la soumission muette : elle a pour unique principe l'autorité, pour sanction la crainte, pour gardien le glaive. Le gouvernement des États comme celui du monde reproduit toutes les formes du despotisme. Les religions unitaires nient le droit de l'homme et ne lui parlent que de ses devoirs ; leur morale se réduit à l'obéissance. Yahweh ordonne à Abraham d'immoler son fils : il obéit, et son obéissance lui est imputée à justice. Devant la toute puissance divine, la moralité disparaît avec la liberté. Le monothéisme aboutit à l'inertie de la résignation et au fatalisme de la grâce. Le panthéisme enferme chaque partie du grand tout dans une prédestination irrésistible comme dans une cellule close. Astre ou plante, homme ou bête, chaque être a sa fonction dans le grand corps du monde comme chaque membre a sa fonction dans le corps humain, et le Çûdra ne peut pas plus remplir le rôle du Brahmane que les membres celui de l'estomac. Le Code de Manou[1] réduit la morale sociale au respect de la hiérarchie des castes.

À peine les dogmes de l'Orient ont ils touché le sol de la Grèce qu'ils sont transformés. L'homme cherche son idéal en lui-même. Cet idéal, c'est l'harmonie qui se révèle aux sens par les proportions du corps humain, à l'esprit par la conscience du droit. Regardant autour de lui, l'homme retrouve l'idéal humain dans l'ordre universel. Cette révélation de l'Ordre, c'est la loi ; dans le monde physique c'est la beauté, dans le monde moral c'est la justice. Au lieu de voir dans la nature des forces aveugles, l'homme y voit des lois vivantes ; ces lois sont les Dieux. Il les conçoit à son image : les Dieux d'Homère ressemblent à des héros et les héros s'élèvent au rang des Dieux. Le polythéisme grec naît de la poésie et la cité s'ordonne comme un poème. La loi ne descend pas d'en haut, elle naît du concours harmonieux des volontés unies ; elle est la sauvegarde et le lien vivant des droits individuels. Elle a pour principe l'égalité, pour but la liberté, pour gardien le devoir, pour sanction la conscience, pour forme la république.

---

1. Manusmṛti ou Lois de Manu (Note de l'éditeur).

MORALE SOCIALE

❦

La morale, fruit spontané de la conscience humaine, est la connaissance du juste et de l'injuste et distingue l'homme de tous les autres êtres. Elle a pour base la réciprocité des droits et des devoirs. De même que les lois divines maintiennent l'harmonie du monde par l'équilibre des forces, la morale, loi spéciale de l'homme, limite le droit de chacun, qui est la liberté, par le respect du droit d'autrui, qui est le devoir, du nom de l'égalité, qui est la justice. Droit et devoir sont des termes corrélatifs qui n'ont de sens que l'un par l'autre. Aux deux formes du droit, la liberté et l'égalité, répondent les deux formes du devoir, le courage et la justice. La liberté qui se défend contre l'agression se nomme le courage ; l'égalité qui se maintient contre l'usurpation se nomme la justice. Ce sont les deux grandes vertus sociales : la justice est la garantie du droit, le courage en est la sauvegarde. L'ordre social naît du libre concours des volontés ; l'autorité de la loi s'appuie sur le consentement de tous ; elle a pour garantie la religion du serment.

La pluralité des causes est le principe fondamental du Polythéisme. La destinée, cet ordre abstrait produit par le concours des forces naturelles, laisse la volonté de l'homme indépendante et souveraine. Toute action humaine a deux causes, comme tout mouvement est la résultante de deux forces. De ces deux causes, l'une est notre volonté, l'autre, indépendante de nous, comprend toutes les influences extérieures dont la destinée est l'expression collective. Les Dieux nous envoient les passions comme ils nous envoient les maladies, mais le mal n'est qu'une épreuve pour notre courage ; non seulement la lutte est permise, mais c'est en lutant contre les Dieux que le plus grand des héros, Héraclès, a conquis sa place dans l'Olympe. Fussions-nous vaincus, nous resterons purs, comme Œdipe, que la fatalité a fait incestueux et parricide, et qui se proclame innocent devant les lois divines, car il ne les a pas violées volontairement. Ainsi, en dehors de l'enchaînement inflexible des causes, la Grèce élève dans l'âme humaine le temple de la liberté. À la nature et à ses lois immuables, elle oppose fièrement la loi spéciale de l'homme, la morale. Le principe de la pluralité des causes concilie aussi facilement le libre arbitre avec la prescience divine qu'avec la destinée. L'usage continuel, que les Grecs faisaient des oracles ne les portait jamais à s'endormir dans la confiance ou dans le désespoir, car les réponses des oracles sont des conseils et non des ordres. De même qu'une mère conduit les pas de son enfant, mais ne marche pas pour lui, les Dieux ne forcent pas la libre volonté de l'homme. Ce ne sont pas des maîtres, mais des protecteurs et des amis. C'est ce qui donnait à la piété des Grecs un caractère de noblesse et de dignité inconnu partout ailleurs.

POLYTHÉISME INDO-EUROPÉEN

※

Il n'y a pas de races pures dans l'histoire, il n'y a que des croisements plus ou moins heureux. Il est reconnu aujourd'hui que les Indiens, les Perses, les Grecs, les Romains et les principaux peuples de l'Europe appartiennent par leurs langues, leurs caractères physiques et leurs religions a un rameau de la race blanche, les Aryas, dont on place le berceau sur les plateaux de la haute Asie. Des tribus issues de cette famille se sont répandues en Grèce par la Thrace, la Macédoine et l'Épire. Des colons partis de l'Égypte et de l'Asie s'y établirent aussi à des époques indéterminées, mais ces éléments secondaires furent absorbés par l'élément principal c'est-à-dire par les tribus qui parlaient la langue grecque. En même temps que leur langue, ces tribus apportèrent avec elle leur religion, le polythéisme. C'est la religion naturelle de toute la race indo-européenne, mais entre les branches de cette race, il y a des différences qui se sont accentuées à travers les siècles, et les transformations politiques ont réfléchi celles de la pensée religieuse. Les castes se sont constituées dans l'Inde en même temps que le polythéisme de la période védique était absorbé dans l'unité du Panthéisme brahmanique. Le dualisme iranien, qui n'est qu'une atténuation du Monothéisme, répond à la monarchie féodale des Perses. Seuls les

Grecs et les Romains restèrent fidèles au Polythéisme originel et conservèrent leurs institutions républicaines pendant toute la période ascendante de leur histoire ; c'est seulement à l'époque de la décadence que les dogmes unitaires envahirent à la fois la politique et la religion. Quelques amis de l'Antiquité ont voulu la rendre agréable à leurs contemporains en cherchant du monothéisme dans sa mythologie. De ce qu'on trouve quelquefois dans les auteurs le mot Θεός, ou le mot *deus* au singulier, il ne faut pas conclure que les Grecs et les Romains admettaient l'unité divine. Ils disaient le Dieu en général comme nous disons l'homme en général, sans supposer pour cela qu'il n'existe qu'un seul homme.

LES LOIS ÉTERNELLES

C'est chez les Grecs que le polythéisme a trouvé sa forme la plus parfaite, mais le sanskrit, qui est la langue des aînés de notre race, a conservé la plus ancienne expression du divin. Les Aryas de l'Inde invoquaient les Dévas, c'est-à-dire les Lumières, de la ratine *div*, briller. Ce mot se retrouve dans le latin *divus* sens de divin, et dans le grec δῖος ; qui signifie brillant, illustre ; mais c'est à tort que les linguistes ont voulu rattacher le mot θεός la même racine. La véritable étymologie du mot grec θεός a été donnée par Hérodote. Selon lui, les Pélasges, les Grecs primitifs, avant de connaître les noms propres des Dieux, les appelaient en général θεούς, c'est-à-dire les ordonnateurs, les lois, à cause de l'ordre qu'ils établissent dans l'univers. La racine de θεός est donc θέω, établir, poser, fonder, régler. La notion de l'ordre universel est particulière à la Grèce. Dans l'alternance régulière des saisons, dans l'éternelle symphonie du Cosmos, les Grecs trouvèrent la révélation de la loi. Les Olympiens ne sont pas les lumières du ciel, comme les Dieux védiques, ils sont les lois d'ordre, de proportion et harmonie qui se révèlent à nos sens par la beauté, à notre esprit par la justice. C'est la religion qui convenait à une race artiste et républicaine. L'art grec et la morale grecque sont les conséquences magnifiques des principes fondamentaux de l'hellénisme, la pluralité dès causes, l'indépendance des forces et l'harmonie des lois. Les causes inconnues qui sont à la fois les lois physiques du monde et les lois morales des sociétés. L'homme les conçoit à son image parce qu'il trouve en lui le type d'une volonté libre, d'une loi qui se connaît elle-même. Ainsi, au lieu de chercher, comme en Orient, un idéal divin dans la nature extérieure où au-dessus d'elle, l'homme le trouve en lui-même. Cet idéal, qui se révèle aux sens par la beauté, à l'esprit par là conscience du droit, il en revêt, comme d'un manteau de lumière, les principes cachés de l'ordre universel, qui sont les Dieux, c'est ce que la langue philosophique appelle anthropomorphisme. Entre les Dieux et l'homme, la mort met un abîme qui semble infranchissable ; mais la religion grecque comble cet abîme par le dogme rassurant de l'apothéose. La Grèce avait un sentiment trop profond de la dignité humaine pour ne pas développer cette noble croyance de l'immortalité de l'âme qui, par le culte des morts, rattache le présent et l'avenir au passé. Tandis que les patriarches bibliques s'endorment à côté de leurs pères, les héros grecs conservent au-delà du tombeau une vie indépendante. Protecteurs des familles, gardiens vigilants des cités, ils veillent sur leurs descendants, et le peuple qui les invoque le matin des batailles honore leurs tombeaux comme des temples et mêle leurs louanges à celles des Dieux. On a cru longtemps que les Religions étaient l'œuvre des prêtres et que la théocratie répondait à l'enfance des sociétés. C'est une double erreur que l'étude scientifique des religions ne permet plus de soutenir. La famille est la molécule de toutes les sociétés humaines ; ce qu'on trouve à l'origine de l'histoire des peuples, ce n'est pas la théocratie, c'est l'état patriarcal. Les religions ne sont pas plus l'œuvre des prêtres que les langues ne sont celles des grammairiens. L'imagination populaire a créé la mythologie, langue naturelle des religions, comme elle a créé la langue grammaticale. Spontanément, comme l'oiseau chante, elle donne aux croyances naissantes la forme poétique du symbole, comme elle exprime par des images, les idées générales qui s'éveillent dans l'esprit au contact des apparences. La tradition maintient les formes du culte et les transmet d'une génération à l'autre. La direction du culte privé appartient au chef de la famille ; le dépôt des rites traditionnels du culte public est confié au sacerdoce qui partout, excepté dans la Grèce antique, forme un corps spécial dans l'État. Tantôt le sacerdoce se transmet de père en fils, dans certaines familles privilégiées qui forment une caste héréditaire, les Brahmanes dans l'Inde, les Mages en Perse, les Chaldéens à Babylone, les Lévites en Judée ; tantôt il se recrute par l'initiation individuelle, comme dans le Bouddhisme et le Christianisme. Chez les Romains, la direction du culte public appartenait aux chefs de famille ; en Grèce, cette fonction était remplie par les magistrats en exercice. Il y avait des sacristains, il n'y avait pas de prêtres. En réduisant le sacerdoce à son véritable rôle, la garde des traditions, l'entretien des temples et l'accomplissement des cérémonies du culte public, les Grecs ont écarté le danger des luttes religieuses. Il n'y a pas trace, dans toute l'histoire grecque, d'une faction sacerdotale, il n'y avait pas d'hérésie, parce qu'il n'y avait pas d'orthodoxie. Les modernes ne se figurent pas facilement une religion sans église et sans livres sacrés, ou le dogme, éclos spontanément dans la pensée populaire, était livré dans son expression à la fantaisie arbitraire des poètes, les premiers théologiens de l'Hellénisme, et dans son interprétation aux systèmes des philosophes, ses derniers hiérophantes ; une religion mobile, variant d'une commune à l'autre, où le culte réglé par l'État, c'est-à-dire par le peuple, puisque la Grèce fut toujours républicaine, consistait en sacrifices, en luttes gymniques et en représentations scéniques où les Dieux jouaient un rôle et permettaient aux poètes comiques de rire à leurs dépens sans le moindre soupçon d'impiété. Pour juger une religion si opposée à nos habitudes et pour lui rendre la justice à laquelle a droit toute pensée qui a fait vivre l'humanité pendant des siècles, il faut en observer les résultats ; l'histoire nous les montre dans l'art grec, fruit naturel de la religion de la beauté, et dans ces cités républicaines où toutes les formes de la liberté furent essayées et pratiquées, dans ces sévères principes de morale sociale qui produisirent de si grands hommes et, ce qui vaut mieux, de si grands peuples.

SYMBOLIQUE DE L'HELLÉNISME

La mythologie est la langue naturelle des religions. Sous des formes poétiques et plastiques, elle personnifie les Idées mères, ces principes latents et virtuels de toute existence, qui résident au sein de la Nuit primitive, mère des Dieux. La science, qui admet des molécules indivisibles, mais étendues, qui personnifie le calorique, qui croit aux deux fluides électriques, qui explique la vie minérale par l'affinité, comme si un mot expliquait un fait, sourit dédaigneusement des Grecs, qui rêvaient une Dryade dans chacun des chênes de Dodone et une Néréide dans chaque flot de la mer ; pourtant les conceptions antiques renferment une notion plus juste de la vie universelle que toutes nos abstractions mortes, et ont de plus l'avantage de fournir des types à la peinture et à la statuaire. Selon la différence des formes données aux idées, on formule des lois physiques ou on crée des œuvres d'art. Il est permis d'être à la fois de l'avis de Newton et de l'avis de Phidias.

Tant que les dogmes vivent dans la croyance des peuples, les Dieux ont une vie propre aussi personnelle que celle de l'homme, qui ne peut les concevoir qu'à son image puisque l'homme est le type d'une force libre et d'une loi consciente. Leurs attributs sont multiples comme nos facultés. Ainsi Zeus n'est pas seulement l'air vital qui nourrit tous les êtres, le Dieu dont les mille hymens se retrouvent dans les innombrables combinaisons de l'Oxygène, le roi de la foudre, qui descend en rosée bienfaisante dans le sein de la terre féconde (*Conjugis in gremium lætæ descendit*), il est aussi le principe de l'ordre universel, le vainqueur des Titans, c'est-à-dire le modérateur des forces cosmiques, et dans un sens plus exclusivement moral, le principe de la justice, base de toute société, source de toute vertu. La foi naïve des races jeunes se contente du côté poétique des symboles. Quand le peuple d'Athènes allait en pèlerinage au temple des Grandes Déesses d'Éleusis, les poètes lui racontaient l'enlèvement de Coré par Hadès, la douleur de sa mère et le retour de Coré à la lumière céleste. Cette légende suffisait au peuple, qui se retirait en remerciant la Mère bienfaisante à laquelle il devait le blé, nourricier de l'homme. Mais il y avait aussi des esprits inquiets de la destinée humaine ; pour eux, Coré n'était pas seulement la végétation, fille de la terre, qui meurt pendant l'hiver pour ressusciter au printemps ; c'était l'âme qui retrouve une vie nouvelle au-delà du tombeau. Au dernier acte de l'initiation, l'hiérophante montrait aux mystes un épi de blé coupé en silence, gage des promesses divines, symbole de renaissance et d'immortalité.

Quand les races vieillissent, l'esprit se sépare du corps, l'idée, pour se dégager, rejette l'image, la science brise l'urne du symbole où s'abreuvaient les peuples jeunes et forts. En quittant leur enveloppe de poésie, les vérités d'intuition arrivent à la conscience d'elles-mêmes. Est-ce une mort, est-ce une résurrection ? Quand l'herméneutique stoïcienne découvrait un système de physique religieuse dans l'hellénisme, qui était vivant à cette époque, on lui objectait que les prières dans les temples s'adressaient, non à des symboles, mais à des réalités ; la même objection m'a été faite quand j'ai rencontré une psychologie religieuse dans la mythologie chrétienne. On évite d'appliquer à une religion vivante le scalpel qu'on emploie sans scrupule pour une religion morte ; ce n'est plus de l'anatomie, c'est de la vivisection, et on craint d'entendre des plaintes, comme une voix d'Hamadryade s'exhalant du chêne dont on soulève l'écorce. Rassurons-nous ; ce n'est pas blasphémer les Dieux que de les élever dans la sphère idéale, au-dessus des formes fugitives, des incarnations passagères de leur éternelle pensée. Les Dieux ne peuvent mourir, et quand on croit avoir scellé la pierre de leur sépulcre, il ressuscitent dans leur gloire, comme aux jours où devant cette éblouissante lumière du XVIe siècle, le monde a salué la renaissance des anciens Dieux.

RÉVÉLATION SPONTANÉE

Dans l'enfance des peuples, l'existence de l'homme est encore confondue avec celle de la nature ; les puissances extérieures l'enveloppent et le pénètrent ; il les sent en lui et hors de lui, il les voit, il les entend, il les respire ; chaque mouvement, chaque sensation l'imprègne d'une vie divine. Ce caractère profondément religieux de la jeunesse de l'humanité est très difficile à comprendre dans une société vieillie ; on se laisse aller trop souvent à traiter de matérialisme grossier et de fétichisme absurde les témoignages naïfs de cette perpétuelle adoration des causes inconnues, les expressions vives et sincères de la religion des premiers jours. L'éclosion spontanée de l'idée religieuse devant la nature se révèle par ces alternatives de joie et de crainte qui caractérisent les grands étonnements de l'enfance. C'est à la fois une reconnaissance sans bornes pour l'immense bienfait de la vie, et la vague inquiétude qu'inspire à l'homme la conscience de sa faiblesse en présence de tant de grandeur.

Dans la prédominance d'un de ces deux sentiments, se dessinent déjà les dispositions natives des races ; chacune garde la trace ineffaçable de ses premières impressions. On comprend la terreur humiliée de l'homme dans les déserts de sable, où une seule force vivante, le Simoun, celui dont la colère est un feu dévorant, emplit de son immensité les muettes solitudes. Mais ce n'est pas la crainte qui a révélé les Dieux de la Grèce ; pour cette race heureuse, née sous un ciel clément, bercée par la voix des sources chantantes, caressée de fraîches brises, sur la mousse humide des bois, le premier réveil fut un enchantement, la première parole une bénédiction. Les Aryas de l'Inde, ces frères aînés des Grecs, ont conservé dans leurs hymnes un écho de ces admirations joyeuses devant la beauté du monde. C'étaient des élans sans fin, des extases toujours nouvelles, l'éclatante gaîté de l'enfant qui joue au soleil, heureux de se sentir vivre, tendant la main vers tous les trésors qui l'entourent, saluant de la voix toutes les magnificences de la terre et du ciel.

ARYAS ET SÉMITES

❧

La diversité des effets a conduit la race indo-européenne au principe de la pluralité des causes. Il en a peut-être été de même au début pour la race sémitique ; mais le polythéisme originel n'a laissé que de faibles traces chez les Hébreux. De très bonne heure tout s'efface pour eux devant leur Dieu national, le vent brûlant du désert, celui qu'on ne peut voir en face sans mourir : « Qui est comme toi parmi les Dieux, Yahweh, magnifique en sainteté, terrible dans la gloire, faisant des merveilles ? » Bientôt, même, obligés de se raidir contre les puissants voisins qui veulent les absorber, ils font du Dieu de leur race, non seulement le Dieu suprême mais le Dieu unique : « Yahweh, Dieu d'Israël, assis sur les Chérubins, tu es le seul Dieu de tous les royaumes, tu as fait le ciel et la terre. » Les Grecs, au lieu de s'arrêter à l'unité de la substance éternelle, distinguent les qualités premières, créatrices de ce monde multiple, car les choses n'existent que par les différences qui permettent de les connaître et de les nommer. Les noms propres des Dieux sont des épithètes exprimant l'attribut distinctif de chacun des principes de l'univers. Les religions, comme les langues, portent l'empreinte du génie et du caractère de chaque peuple. Si on ne connaissait ni la religion des Juifs ni celle des Grecs, en comparant la poésie hébraïque, si sobre d'adjectifs, à la richesse d'épithètes de la langue d'Homère, on devinerait que la première est dominée par l'idée de la substance et de l'unité, la seconde par celle de la diversité et de la forme.

Le caractère des peuples se traduit par leurs langues ; ainsi les Élohim sont les Forces, et de bonne heure les Hébreux arrivent à l'idée d'une puissance unique, d'une monarchie divine. Pour les Indiens, les Dieux sont les lumières, Dévas, et de bonne heure les Indiens s'absorbent dans la contemplation et arrivent au panthéisme. Pour les Grecs, les Dieux sont des Lois vivantes. Cette conception du divin, particulière à l'Hellénisme, dépasse de bien loin celle des peuples barbares. Les Dieux de la Grèce sont les Lois éternelles qui se révèlent dans le monde physique par la beauté, dans le monde moral par la justice. Cet idéal de la loi, la Grèce l'a réalisé par des œuvres qui ne seront jamais dépassées, les créations de la poésie et de la sculpture et les constitutions républicaines. Le Polythéisme représente l'univers comme une république réglée par un rythme divin, comme un grand chœur de danse, comme une éternelle symphonie. Placée entre les dogmes de l'antique Orient, qui ne cherchaient le divin que dans la nature, et les religions modernes qui ne le cherchent que dans l'âme humaine, la Grèce enveloppe ces deux ordres d'idées dans une synthèse harmonieuse. Aux époques primitives, les Dieux s'étaient révélés comme lois physiques de l'univers ; depuis l'établissement des républiques, ils se révélèrent comme lois morales des sociétés. Dans la nature, ils maintiennent l'équilibre par la pondération des forces ; dans la république, ils limitent le droit de chacun par le respect du droit d'autrui, qui est le devoir, au nom de l'égalité. Tel est le double caractère que les Grecs attribuaient aux Dieux, la double forme de l'idéal, c'est-à-dire de la loi.

LES GRECS ET LES JUIFS

Les Grecs et les Juifs sont les représentants de deux races profondément différentes : la race indo-européenne et la race sémitique. C'est l'exemple le plus curieux de ce que l'on peut appeler la polarisation dans l'histoire ; c'est une antinomie comparable à celle que l'on observe en zoologie entre le type des Vertébrés et celui des Articulés ; le peuple grec et le peuple juif sont exactement l'inverse l'un de l'autre. Ce contraste se manifeste dans la religion et dans la langue, dans le caractère intellectuel et dans la morale sociale, dans l'évolution des idées, et dans le développement historique. N'eût-on conservé qu'une page d'Homère et une page de la Bible, on devinerait, à la prédominance de l'adjectif dans le grec, du substantif dans l'hébreu, les génies opposés des deux races, le polythéisme de l'une, le monothéisme de l'autre. Les Grecs ont distingué, dès l'origine, les qualités premières, créatrices des choses, car sans le nombre et la différence, ce monde multiple n'aurait jamais existé ; les Juifs, de Moïse à Spinoza, se sont enfermés, dans l'unité de la substance éternelle.

Les Grecs, par leur sentiment profond de la diversité, ont découvert ces lois d'ordre, de proportion et d'harmonie qui se traduisent par la beauté dans la nature, par la justice dans les sociétés humaines ; l'aspiration incessante des Juifs vers l'unité leur fait réduire la loi à la volonté divine, la morale à l'obéissance, la politique à l'autorité. D'un côté, des citoyens libres, associés pour la défense de leurs droits, de l'autre, des tribus consacrant leur communauté d'origine et leur patriotisme jaloux par une religion exclusive, sous la surveillance d'une théocratie gardienne des révélations d'en haut. Pendant que la république s'établissait dans toutes les cités grecques, les tribus Israélites forçaient Samuel à leur donner un roi. Pendant que la race hellénique semait ses colonies sur toutes les côtes, Israël, fuyant le contact des *incirconcis*, s'entourait de l'infranchissable barrière de sa foi religieuse. Tandis que la Grèce atteignait l'apogée de l'art, posait les bases de la science et essayait toutes les formes de la liberté, la Judée proscrivait l'art au nom de l'unité du dogme, dédaignait les sciences de l'Égypte et de l'Assyrie, et tous les efforts de sa politique se bornaient à concilier l'autorité monarchique avec l'autorité sacerdotale. De la rencontre de ces deux éléments devait sortir la religion du monde moderne.

SOURCES MULTIPLES DU CHRISTIANISME

❦

La grande révolution religieuse qui partage en deux les peuples de l'Europe présente, au premier abord, le spectacle étrange d'une société justement fière de sa supériorité incontestée qui, tout à coup, se soumet volontairement à la domination intellectuelle d'une race inférieure. Le Dieu des chrétiens naît et meurt en Judée ; ses premiers disciples, juifs comme lui, portent son culte en Égypte, en Asie Mineure, en Grèce, en Italie, et en moins de trois siècles le christianisme est devenu la religion de tout l'Empire romain. Une conversion si rapide se comprendrait chez une population barbare peu attachée à ses vagues traditions ; mais que les peuples les plus civilisés du monde aient pu renier ainsi leur passé et abdiquer leur suprématie morale devant une petite nation dispersée, réduite à une condition presque servile, c'est là un fait invraisemblable, unique dans l'histoire. Cependant le miracle disparaît quand on étudie le milieu où s'est développé le Christianisme et les causes qui en ont préparé l'avènement. La religion grecque, depuis longtemps déjà transformée par la philosophie, s'altérait chaque jour davantage par son mélange avec les religions de l'Orient qui débordaient confusément sur l'Europe. Le Christianisme représente le dernier terme de cette invasion des idées orientales en Occident, mais il n'est pas pour cela un rameau détaché du Judaïsme. Il a emprunté ses éléments à toutes les religions anciennes et en a formé une construction nouvelle et originale, en leur donnant une importance proportionnelle à la vitalité qu'ils avaient conservée au moment de cette transformation.

On a l'habitude de négliger systématiquement ces emprunts ; on croirait faire injure au Christianisme, si on en cherchait l'origine dans les religions qu'il a remplacées, on aime mieux n'y voir qu'une hérésie juive, et dès lors on ne peut s'expliquer, ni pourquoi les Juifs l'ont repoussé si obstinément, ni comment il a pu être accepté par les Grecs et les Romains. Sans doute, il y a un élément juif dans le Christianisme ; mais s'il n'avait pas ses sources principales dans les plus anciennes croyances des peuples de l'Europe, il n'aurait jamais pu devenir la religion de ces peuples, parce qu'il eût été étranger à leur caractère et à leur génie. C'est là qu'il faut chercher les affluents générateurs du grand fleuve chrétien ; si on les subordonne à la source juive, on commet la même erreur que les géographes qui ont fait du Missouri un tributaire du Mississippi, tandis qu'il en est la branche principale et le véritable fleuve.

SYNTHÈSE CHRÉTIENNE

Si le Christianisme s'en était tenu aux prédications de ses premiers apôtres, il n'eût été qu'une petite secte juive qui se serait éteinte obscurément, comme les Ébionites. La prédication de saint Paul repose sur le dogme de la résurrection : c'est un emprunt à la mythologie égyptienne et à la mythologie mithriaque. La métaphysique exposée au début de l'Évangile de saint Jean est empruntée au Poïmandrès d'Hermès Trismégiste, on peut même remonter jusqu'à Timée. Les dogmes de la chute, de l'incarnation et de la rédemption ont leurs sources dans les mythologies indo-européennes. Il est vrai que les chrétiens ont voulu rattacher la chute de l'homme, et par suite la rédemption, à la mythologie hébraïque, mais il a fallu pour cela voir dans le serpent une incarnation du diable et faire ainsi un emprunt à la mythologie mazdéenne. La révolte et la chute des Anges est une fable indo-européenne, dont on peut suivre la trace, soit dans l'Inde et la Perse, soit dans la poésie grecque, depuis la tradition épique des Titans et des Géants jusqu'à la démonologie d'Empédocle. Les Mages invoquaient Mithrès, le médiateur entre Ormuzd et Ahriman, celui qui doit concilier le dualisme éternel ; et guidés par une de ces étoiles mystérieuses qu'adoraient leurs pères, ils arrivent devant une crèche et présentent l'or, l'encens et la myrrhe au Dieu nouveau-né. Puis sa mère le conduit en Égypte : « Le reconnaissez-vous, dit-elle aux prêtres ? Depuis longtemps, vous l'avez vu entre mes bras, dans vos temples ; c'est de lui que je disais : « Le fruit que je porte est le soleil. » — Nous le reconnaissons aussi, disent les Sages de la Grèce ; c'est le Verbe de la Sagesse incréée, l'éternelle Raison, qui éclaire tout homme en ce monde, et qui était apparue sous forme d'une vierge armée, sortie du front de Zeus, avant de s'incarner dans le sein d'une vierge juive. C'est bien lui qu'annonçait la prophétie de Virgile, écho des vieux oracles. Nous reconnaissons la vierge et le nouveau-né qui descend des hauteurs du ciel pour ramener l'âge d'or après l'âge de fer. Voici le renouvellement du monde annoncé par Hésiode, le poète de Kymè :

> *Ultima Cumaei venit jam carminis aetas ;*
> *Magnus ab integro saeclorum nascitur ordo.*

Le serpent va mourir ; partout se montre l'agneau revêtu de la pourpre ; partout germe l'amomum d'Assyrie, Hom, le Dieu de l'antique Aryane, le pain céleste, qui nourrissait tous les êtres aux agapes de la communion primitive.

Et le Dieu nouveau prend possession des temples ; son royaume n'est pas de ce monde, il est roi du monde intérieur, et il révèle les mystères de l'âme, la lutte éternelle contre les passions égoïstes et la rédemption par le sacrifice de soi-même pour le salut de tous.

Mais la loi nouvelle est sévère ; loi d'abnégation, de renoncement à toute joie. Le faible s'y soumet et souffre, le fort la brave et opprime. La vie est condamnée, la terre est une vallée de larmes, les saints vont s'enterrer aux solitudes, et les Dieux d'autrefois, les Dieux heureux de la jeunesse se changent en Démons tentateurs pendant les longues nuits du cloître. Le jugement dernier se fait bien attendre : quand donc retentira la trompette de l'archange, qui doit déchirer l'oreille des tyrans ? Nous demandions un Dieu humain, et déjà le médiateur est trop haut pour nos humbles prières ; qui les portera jusqu'à lui ? Ce sera sa mère, la reine des anges, l'idéal féminin des races chevaleresques du Moyen Âge, la vierge étoilée, propice et lumineuse que nul n'invoque en vain.

TRANSFORMATION DES CROYANCES

❦

En même temps que les croyances de l'Orient pénétraient en Grèce, la philosophie grecque envahit l'Orient. D'Alexandrie, placée sur la limite des deux mondes, et peuplée de Juifs, d'Égyptiens et de Grecs, sortit le dogme nouveau qui devait être la synthèse du passé. Il naît de la philosophie, comme le polythéisme était né de la poésie. Le Dieu de la philosophie, cette lumière qui éclaire tout homme en ce monde, et en qui se confondent la parole divine et la raison humaine, c'est l'Homme-Dieu, fruit de l'Union de la pensée grecque et de l'âme religieuse de l'Orient. À la Trinité d'Hermès Trismégiste, saint Jean ajoute l'incarnation du Verbe, et le dogme chrétien est fondé. L'Égypte avait conçu, dès les temps préhistoriques, l'idée d'une monarchie divine ; la Judée était arrivée par l'exaltation du sentiment national, la Grèce s'y résignait depuis l'écrasement des républiques par la monarchie macédonienne. Le Christianisme fit de l'unité divine la clé de voûte de son dogme et greffa le symbole de l'Homme-Dieu sur l'arbre fatal du monothéisme, qui étouffe la vie sous son ombre. À côté du culte des vertus humaines, il mit le culte de la force ; à côté, presque au-dessus du Fils de l'homme, du Dieu, rédempteur, le Dieu jaloux du désert, le

Simoun qui balaie tout devant sa face, le Dieu exterminateur de la Bible et du Coran.

Le Judaïsme est une religion nationale, un pacte entre Israël et son Dieu. Le peuple juif s'enferme avec un soin jaloux dans le patrimoine exclusif de sa loi et repousse de son sein la foule des *incirconcis*, tandis que le Christianisme s'est annoncé dès l'origine comme religion universelle et n'a jamais cessé d'appeler à lui les hommes de toutes les nations. Considéré dans ses dogmes, le Christianisme qu'on représente comme le complément de la religion juive, en est plutôt l'antithèse. Le trait dominant du Judaïsme, c'est la hauteur où il place l'idée divine ; entre son Dieu et l'homme, la distance est infinie : le Christianisme, au contraire, a pour dogme fondamental l'adoration de l'Homme-Dieu.

Dans la mythologie chrétienne, la part des Juifs est bien moins importante que celle des Grecs, à peu près égale à celle des Égyptiens et des Perses, Les Juifs peuvent à peine revendiquer Dieu le père, car le père de Jésus, dans l'Évangile, ressemble moins à Yahweh, qui n'aime que les Juifs, qu'à Zeus, très bon, père commun des Dieux et des hommes. Mais les Judéo-chrétiens, premier noyau de l'Église chrétienne, ne pouvaient renoncer aux traditions juives quoique les Juifs n'aient pas reconnu Jésus pour leur Messie, l'Église a fait de leur Bible la sainte Écriture, de leur religion nationale une religion universelle, qui a imposé leur Dieu unique à l'adoration du monde. Cette adoption de leur idéal religieux par une race supérieure valait mieux que la suprématie temporelle qu'ils attendaient d'un nouveau David. La pierre qu'ils ont rejetée de leur temple, la Grèce l'a ramassée et y a taillé une statue pour son panthéon. De leur Messie crucifié, elle a fait un Dieu, et cette incarnation du divin dans l'humanité creuse un abîme entre les Sémites et les Aryas. Le dogme indien de l'incarnation se confond dans le symbole du Christ avec le dogme grec de l'apothéose. Comme Vishnou, c'est un Dieu qui se fait homme pour sauver le monde, comme Héraclès, c'est un homme qui escalade le ciel par sa vertu. Autant les Juifs, habitués à distinguer profondément la nature divine de la nature humaine, devaient repousser avec horreur l'idée de l'incarnation, autant cette idée devait sembler naturelle aux Grecs, qui' avaient toujours cherché le divin dans l'humanité.

Soumettre un Dieu aux misères humaines, et surtout à la mort, eût été pour les Juifs le plus impie de tous les blasphèmes, mais il n'avait rien qui pût étonner les Grecs. Ils trouvaient dans leurs plus vieilles légendes des Dieux blessés, des Dieux enchaînés, des Dieux réduits en esclavage : Apollon avait gardé les troupeaux d'Admète ; Héraclès avait accompli ses travaux pour obéir aux ordres d'Eurysthée, son maître, et n'était arrivé à la divinité que par l'apothéose, car il était mortel comme tous les demi-dieux. Les religions mystiques, qui remplissent les derniers siècles de l'hellénisme, et qui toutes, excepté la religion éleusinienne, venaient d'Asie, comme le Christianisme, avaient pour fond commun, comme les mystères du Moyen Âge, le symbole de la mort et de la résurrection d'un Dieu. Les cultes mystiques ont été la préface du culte chrétien, qui a emprunté aux mystères d'Éleusis et aux mystères orphiques la communion du pain et du vin. Le symbole chrétien est une application de la doctrine d'Évhémère, qui représentait les Dieux comme des héros adorés pour leurs vertus. Le Dieu de la mythologie chrétienne n'est pas relégué dans le lointain des époques fabuleuses : on l'a vu, on l'a touché, et le plus incrédule a mis un doigt dans ses plaies. L'Évhémérisme ne pouvait aller plus loin : le divin n'entrait pas seulement dans l'histoire, il prenait pied dans la réalité contemporaine, et la religion nouvelle allait vivre de ce qui avait tué l'ancienne religion. Si le Nazaréen est un personnage réel, l'homme qui, par sa parole et par sa vie, a révélé un Dieu, en est l'incarnation. Si l'Homme-Dieu n'est qu'une vertu personnifiée, le symbole que l'humanité adore, sous le nom de Christ n'en est pas moins un idéal divin. De quelques façons qu'on le considère, le Christianisme est le complément de la mythologie grecque et la négation du monothéisme sémitique. En concevant les Dieux comme lois de l'univers, la Grèce avait divinisé la raison, attribut spécial de l'homme ; elle élevait la vertu au ciel par l'apothéose et consacrait des temples aux héros demi-dieux. Mais l'anthropomorphisme ne pouvait s'arrêter là ; pourquoi des demi-dieux, pourquoi laisser la vertu au second rang ? Le jour où la morale stoïcienne déclara que rien, même dans l'Olympe, n'était supérieure à l'homme qui donne sa vie pour la justice, le symbole de l'Homme-Dieu était conçu, il ne restait plus qu'à lui donner un corps. Le Christianisme fut le couronnement de cette apothéose de l'humanité. Entre les lois éternelles, dont l'accord produit l'ordre de l'univers, et que l'Antiquité appelle les Dieux, l'homme a sa loi propre, qui est la morale. Le devoir est sa religion, car en faisant ce qu'il doit, l'homme se relie à l'ensemble des choses. Ce qui doit être étant la règle de ce qui est, les Chrétiens ont pu dire, après les philosophes, que la loi de justice qui règne au-delà du monde visible, le Dieu intérieur que chacun porte en soi est le seul Dieu que l'homme doive adorer. Subordonner toutes les actions à cette loi qui se révèle dans la conscience, c'est ce qu'on appelle aimer Dieu par-dessus toute chose. Le culte de la justice implique la lutte incessante contre soi-même, le sacrifice de toutes nos passions égoïstes au bonheur d'autrui. Par cette abnégation sans réserve, l'homme s'unit à Dieu, personnification du bien. Le type idéal de cette vertu suprême s'appelle l'Homme-Dieu ; c'est le modèle de tous ceux qui prennent le nom de Chrétiens.

La religion juive, seule entre toutes, se renferme dans la vie présente sans suivre l'homme au-delà de sa destinée terrestre : pour le christianisme, la terre est un séjour d'épreuve et la vie une préparation à l'éternité. L'eschatologie chrétienne associe au dogme grec de l'immortalité de l'âme le dogme de la résurrection et du jugement dernier emprunté à l'Égypte et à la Perse. La croyance à la vie d'outre-tombe, qui tient une place si importante dans la symbolique chrétienne, ne peut s'appuyer sur la Bible hébraïque qui n'a pas d'eschatologie : les Juifs sont le seul peuple matérialiste de l'Antiquité. Confiant dans les promesses de son Dieu, le peuple juif se croit immortel, mais l'homme est poussière et retournera en poussière. Chez les Grecs, au contraire, l'abîme que la mort semble creuser entre le Dieu et l'homme était comblé par l'apothéose et l'immortalité de l'âme, par le culte des héros. La religion nouvelle jetait un pont entre deux races. En échange de son Dieu unique, la race de Sem reçut le dogme de l'immortalité de l'âme, et ne doit pas se plaindre d'avoir perdu à ce marché. Il est vrai qu'elle ne comprit pas la pensée spiritualiste de la Grèce, et ne l'accepta que sous la forme grossière d'une résurrection des corps. Mais l'Europe chrétienne n'attendit pas le jugement dernier pour invoquer les saints ; en abandonnant sa religion naturelle, le polythéisme, elle conserva le culte des médiateurs humain, qui en est la conséquence. Quand le Christianisme remplaça les héros par les saints, les noms seuls furent changés, les fonctions restèrent les mêmes : c'étaient toujours des protecteurs actifs et vigilants, compatissant à nos misères parce qu'ils ont souffert comme nous. Seulement la canonisation des saints, qui remplaça l'apothéose, fut remise aux mains du sacerdoce.

ISLAMISME

Le véritable héritier de la pensée juive, c'est l'Islamisme, la religion moderne de la race sémitique. Mahomet n'a rien ajouté, sous le rapport du dogme, au monothéisme hébraïque des derniers siècles, ni même au christianisme embryonnaire de l'Église apostolique, mais il a donné une forme précise à l'eschatologie qui s'était introduite chez les Juifs en dépit du silence de la Bible. La résurrection et le jugement dernier, l'enfer et le paradis avaient été le thème des premières prédications chrétiennes ; Mahomet adopta le dogme de la résurrection de la chair, qui avait fait le succès de la propagande apostolique. Le paradis de Mahomet ressemble beaucoup au règne de mille ans des Judéo-Chrétiens. Ainsi, l'Islamisme représente ce qu'aurait été le Christianisme s'il s'était arrêté à la première phase de son évolution. Il est probable que Mahomet ne l'a connu que par quelques débris des Églises judéo-chrétiennes. Le Christ n'est pour lui ni le Fils de Dieu, ni le type idéal des vertus humaines, ni la victime expiatoire qui s'offre pour la rédemption du monde, c'est simplement un prophète de Dieu. Mahomet n'oppose nulle part sa mission à celle de Jésus ou des prophètes antérieurs, il les reconnaît tous. Il reproche aux Juifs de n'avoir pas cru à la parole de Jésus et d'avoir indignement calomnié sa mère Marie. Mais, il ne veut pas croire qu'ils aient réellement mis à mort cet apôtre de Dieu. « Ils disent : Nous avons mis à mort le Messie Jésus, fils de Marie, l'apôtre de Dieu. Non, ils ne l'ont pas tué, ils ne l'ont pas crucifié ; un autre individu qui lui ressemblait lui fut substitué, et ceux qui se disputaient à son sujet ont été eux-mêmes dans le doute. Ils n'en avaient pas de connaissance précise, ce n'était qu'une supposition. Ils ne l'ont pas tué réellement. Dieu l'a élevé à lui, et Dieu est puissant et sage » (IV, 156).

Le demi christianisme de Mahomet ressemble, beaucoup à la religion des apôtres. Cette religion sans mythologie a du succès aujourd'hui parmi les philosophes protestants.

Si au lieu de grandir dans la nuit des catacombes, dans les sous-sols de la Rome impériale, le Christianisme avait pu s'épanouir librement au grand soleil de la république, il n'en serait pas moins devenu la religion dominante, car il répondait à l'évolution normale de l'anthropomorphisme grec. On aurait trouvé d'anciens oracles annonçant qu'un fils de Zeus devait régner après lui comme Zeus avait succédé à Chronos. La conscience humaine eût gardé sa liberté sous l'abri du polythéisme, au lieu de se courber sous l'inflexible niveau de l'unité religieuse. Protégé par l'égalité républicaine, le Christianisme n'aurait été ni exclusif ni persécuteur. L'art n'aurait pas été anéanti par la destruction des temples, la poésie et la science n'auraient pas disparu avec les livres, le monde n'aurait pas eu à déplorer la ruine de la civilisation, et le Moyen Âge, avec son lugubre cortège de théocratie, de bûchers et de sacrifices humain aurait pu être évité.

Dis aliter visum. Le monde antique avait un crime à expier, l'esclavage : il était juste qu'il pérît par les esclaves. Les misérables que Rome jetait en pâture aux lions de son amphithéâtre devaient remplacer les Dieux des cités libres que le monde asservi n'était plus digne de contempler. Les images sacrées étaient dans les temples, respectées par un reste de goût artistique, mais le véritable Dieu de l'empire, c'était l'empereur. « Ta divinité est toujours présente parmi nous », lui disaient ses gens de lettres. Puisque la conscience des vainqueurs du monde ne s'était pas révoltée contre l'apothéose des Césars, les vaincus avaient bien le droit de chercher dans leurs rangs un plus digne objet de leur culte. Un seul peuple avait refusé son encens aux empereurs : Ses traditions méprisées devaient détrôner les glorieux souvenirs de la Grèce et de Rome, et de son sein devait sortir le Dieu nouveau. Selon l'orgueilleuse parole d'un Juif de notre époque, ce peuple dit au monde : « Voici un homme de ma race, fais-en ton Dieu ». Puisque l'humanité avait mis son idéal social dans la servitude, il était juste que le gibet des esclaves devint le symbole de la religion du genre humain.

SYMBOLIQUE DES RELIGIONS

MYTHOLOGIE CHRÉTIENNE

La clef de voûte de la mythologie chrétienne est le symbole de la chute et de la rédemption. Le christianisme a greffé ce symbole sur la fable juive du paradis du serpent et de la pomme, qu'il s'est appropriée en lui donnant une portée morale. Le royaume du Christ n'est pas de ce monde ; c'est donc dans le monde intérieur, dans l'évolution de la conscience humaine qu'il faut chercher l'explication des symboles chrétiens. On peut appliquer à la fable du paradis perdu, comme à toutes les autres fables religieuses, le mot du philosophe Salluste. « Cela n'est jamais arrivé, mais c'est éternellement vrai ». Le drame de l'Éden se déroule tous les jours sous nos yeux. L'enfant, dont la conscience n'est pas éveillée, est dans le paradis, dans les limbes de la vie morale. Il ne connaît pas sa faiblesse, et, comme les animaux, il ignore qu'il est nu. Il est innocent comme eux, il n'a pas à lutter, car il ne sait pas distinguer le bien du mal. Cette science il ne peut l'acquérir que par sa première faute, et cette première faute ne peut être qu'une désobéissance. « Pourquoi te caches-tu ? — Aurais-tu mangé de ce fruit dont je t'avais défendu de manger ? » L'enfant comprend qu'il a mal fait, il sait distinguer le bien du mal. C'est une chute, car il était innocent et il ne l'est plus, mais, sans la chute, il n'y aurait pas de rédemption.

Qu'il est loin ce paradis de virginité pleurée, où il n'y avait pas de remords ! Maintenant, voilà l'homme condamné au travail, au dur travail sur soi-même, à la perpétuelle nécessité de choisir entre la passion et le devoir. Deux routes s'ouvrent devant lui, l'une mène au salut, l'autre à la perdition, l'une au ciel, l'autre à l'enfer : pourquoi repousserions-nous ces expressions mythologiques qui rendent si clairement la pensée ? Le ciel c'est la perfection morale : on voit Dieu face à face, puisque Dieu c'est le bien absolu. L'enfer, c'est la corruption définitive : à force de choisir le mal, on perd jusqu'à la notion du bien ; c'est ce que la langue mystique appelle haïr Dieu. En se faisant de l'accomplissement du devoir une telle habitude qu'on devienne incapable d'une infamie ou d'une lâcheté, on sera au-dessus de la tentation. Si nous arrivions à cette sécurité dans le bien qui nous mettrait à l'abri de la moindre faute, nous serions rachetés de l'esclavage du péché, de l'empire de la mort, car le péché est la mort de l'âme.

Comment arriver à cette rédemption ? Par la lutte incessante contre nos passions égoïstes, par le sacrifice de soi-même au bonheur d'autrui. Cette abnégation sans réserve unit l'homme au bien absolu, que la mythologie chrétienne appelle Dieu. Aimer Dieu par-dessus toute chose, c'est subordonner toutes ses actions à la loi morale qui se révèle dans la conscience. Le type idéal de cette vertu suprême est l'Homme-Dieu qui s'immole pour ses frères : c'est la plus haute expression du divin dans l'humanité. Elle s'adore elle-même, non plus, comme aux temps héroïques, dans sa force et dans sa beauté, mais dans ses douleurs, ses humiliations et sa mort.

L'Homme-Dieu n'est plus un dompteur de monstres, c'est l'éternel révolté contre les iniquités sociales, l'ami des pauvres, l'ennemi des riches et des prêtres, crucifié pour le salut du monde. L'apothéose de l'homme arrive ici à son dernier terme et s'affirme avec une singulière énergie par les détails profondément humains de l'agonie du rédempteur. Ce symbole moral, le serpent des passions, la chute par la connaissance du mal, la rédemption par le sacrifice et l'ascension dans le ciel bleu de la conscience, ce symbole si simple et si grand peut être accepté par un libre penseur. Je m'inquiète peu de savoir si mon explication satisfait telle ou telle Église ; aujourd'hui comme dans l'Antiquité, le sacerdoce est chargé de conserver les traditions, et non de les expliquer ; il n'est pas obligé de les comprendre ; son rôle se borne à nous les transmettre fidèlement ; pour en pénétrer le sens, nous avons la lumière qui éclaire tout homme en ce monde.

À la fable édénique, telle que l'ont comprise les chrétiens, se rattache l'idée d'une solidarité à travers le temps entre tous les membres de la race humaine. La désobéissance des Protoplastes est considérée comme ayant imprimé à leurs descendants une tache qui ne peut être lavée que dans le sang expiatoire. Pour les Démons d'Empédocle, pour les âmes d'Hermès Trismégiste, l'incarnation est le châtiment d'une faute commise dans une existence antérieure ; dans la fable édénique, la tache originelle, c'est-à-dire l'hérédité du vice, n'est pas la punition d'une faute antérieure à la naissance, mais une conséquence de la naissance elle-même. La conception est une souillure dont une seule créature est exempte, la mère du Sauveur ; elle est seule immaculée.

L'atavisme et l'hérédité sont des faits physiologiques, mais il y a aussi dans le monde moral une loi d'équilibre et de solidarité. Il faut que tout crime soit puni, que toute dette soit payée. Les iniquités sociales sont collectives, chacun de ceux qui en profitent doit avoir sa part d'expiation ; mais s'il y a une solidarité dans le mal, pourquoi n'y en aurait-il pas une aussi dans le bien ? Dans ce monde mauvais il y a des âmes sans souillures, des justes qui n'ont rien à épier, pas une Érinye qui les accuse. Ils sont bien rares, mais il y en a, j'en ai connu. Eh bien il faut qu'ils souffrent pour les autres, puisqu'ils sont plus forts. Ils porteront le poids des péchés de leurs frères ; ainsi l'équilibre sera rétabli, l'éternelle Justice sera satisfaite. C'est le symbole chrétien de la Rédemption, qui se rattache à nos plus anciennes traditions mythologiques : Soma chez les Aryas de l'Inde, Dionysos chez les Grecs, représentaient l'idée d'un Dieu qui s'offre en holocauste pour le salut des hommes. Le dernier-né des races divines, l'Homme-Dieu, précise le caractère moral de ce sacrifice expiatoire. Il est l'agneau sans tache qui lave dans son sang les souillures du monde ; par ses souffrances et par sa mort, il rachète le genre humain de la damnation éternelle.

Entre les deux pôles de la vie morale, le salut et la damnation, ou, comme dit la mythologie chrétienne, le ciel et l'enfer, il y a place pour le repentir et l'expiation de l'âme par le châtiment. C'est le châtiment qui réveille les consciences endormies, le coupable y a droit, car ayant la raison pour l'éclairer, il est susceptible d'amélioration. La peine éclaire et purifie, et c'est pour cela que les Grecs nommaient les Déesses du remords et du châtiment les Bienveillantes. Dans le dualisme iranien, il y a pour les plus grands crimes une amnistie finale : le mauvais principe lui-même, Ahriman, se repentira et sera pardonné à la fin des temps. Sans généraliser ainsi la clémence et sans admettre le pardon des Diables, qui ne sont que la personnification des vices, le christianisme laisse à l'âme coupable un espoir d'amnistie dans la doctrine du purgatoire sans toutefois abandonner l'éternité de l'enfer. La conscience publique a souvent protesté contre le dogme implacable des peines éternelles, peut-être saisirait-on mieux cette théorie de l'irréparable si on la dépouillait de sa forme mythologique pour lui en donner une autre mieux appropriée aux habitudes de l'esprit moderne. Essayons ! Un homme a commis un crime cette nuit, sous le regard des étoiles. Elles sont si loin qu'elles ne l'ont pas vu encore ; mais dans un siècle, dans deux siècles, dans trois siècles, leurs rayons, échelonnés dans l'infini du ciel, éclaireront le meurtre. Ce qui est passé sera toujours présent quelque part ; s'il y a là-haut, n'importe où, dans une planète inconnue, un œil ouvert, un télescope braqué (et pourquoi pas ?), il y aura là une voix, qui sera la voix de la conscience éternelle, et qui dira : « Oh ! l'assassin ! » À toute heure, à jamais, l'écho de cette voix sera répercuté dans l'espace. Il y a des astres dont la lumière met trois mille ans à nous parvenir : pour eux, l'heure du crime sera dans trois mille ans l'heure présente. Le meurtrier s'est corrigé, il est devenu un saint ; mais quand ces juges lointains donneront leurs suffrages, il ne sera pour eux qu'un meurtrier.

Le sang répandu ne rentre pas dans les veines et aucun Dieu ne peut faire que ce qui est arrivé ne soit pas arrivé. Toute action coupable, injustice, violence, lâcheté ou trahison, une femme séduite, un enfant abandonné, un mauvais conseil, un mauvais exemple, entraîne, dans la voie du mal des âmes qui, sans cela, auraient pu tourner au bien. Elles en corrompront d'autres à leur tour, et indéfiniment se prolongera la chaîne maudite : malheur donc au premier anneau ! Si le criminel se repent, sa conversion s'étendra-t-elle à tous ceux qu'il a perdus ? Que leur répondra-t-il, quand ils l'accuseront devant l'inflexible Justice ? Contre les arrêts de la loi morale, il n'y a pas de prescription : *æterna auctoritas esto*, comme dit la loi des Douze Tables, la revendication est éternelle.

LE VERBE

Toute révolution, qu'elle soit violente ou mystique, qu'elle attaque par l'épée ou par la parole l'ordre de choses établi, inspirera toujours la même terreur aux privilégiés. Le sacerdoce formait chez les Juifs la plus haute classe de la société. Les prédications messianiques troublaient sa quiétude, car, en réveillant le patriotisme du peuple, elles pouvaient exciter la colère des Romains. Les prêtres implorèrent contre Jésus de Nazareth l'appui du bras séculier qu'ils avaient imploré jadis contre Judas Macchabée. Le procès de Jésus, comme celui de Socrate, fut un procès de tendance : la religion servit de prétexte à une accusation politique. S'il est juste de reprocher à la démocratie la mort de Socrate, il faut reconnaître que la mort de Jésus fut le crime des classes dirigeantes.

Il courait de mauvais bruits sur cet agitateur, dont on ne connaissait pas les moyens d'existence, et qui traînait toujours après lui des troupes de mendiants et de gens sans aveu. « Que leur prêche-t-il pour avoir tant de succès », disaient les honnêtes gens, « ce n'est certainement pas le respect de l'ordre et de la propriété. » On lui attribue des paroles inquiétantes : « Un câble entrera plus facilement dans le trou d'une aiguille qu'un riche dans le royaume de Dieu ». Il prétend qu'on ne peut être sauvé qu'en donnant tout son bien aux pauvres, que les riches iront dans le feu éternel et les pauvres dans le sein d'Abraham. C'est avec ces discours incendiaires que les fauteurs de désordre excitent les foules ignorantes au meurtre et au pillage. Ils en veulent à la société parce qu'ils n'ont pas su s'y faire une position, et ils tâchent de tout bouleverser pour pêcher en eau trouble. Certes, les honnêtes gens ne sont pas hostiles à la liberté de la parole, mais cette liberté ne doit pas aller jusqu'à la licence. Si on ne la contient pas dans de justes limites, il n'y a plus de société possible. Personne ne pourra dormir tranquille, si les déclassés, qui trouvent qu'on méconnaît leur mérite, ont le droit de lever l'étendard de la révolte, de se poser en redresseurs de torts, en déblatérant contre les gens respectables et en soulevant les plus mauvaises passions. Une bonne administration doit encourager le travail, qui fait la richesse de l'État ; et comment le peuple continuera-t-il à travailler si un charlatan lui parle des lis des champs, qui ne tissent ni ne filent, et qui sont mieux vêtus que Salomon. Il ne nous permet pas même de faire arrêter les voleurs : si on me prend ma tunique, il veut que j'abandonne encore mon manteau. Ponce-Pilate était continuellement obsédé par des personnages prépondérants qui lui parlaient du péril social et essayaient de lui faire partager leur effroi. « Quand l'ordre public est menacé, disaient-ils, on doit s'assurer de la personne des meneurs : il vaut mieux prévenir une émeute que d'avoir à la réprimer. Un théoricien de l'anarchie est plus dangereux et plus coupable que les brutes qui se laissent entraîner par ses déclamations. Au moyen de quelques phrases à effet sur l'inégalité des conditions, un intrigant devient bien vite l'idole de la foule : « Si cet homme-là était au pouvoir, disent les misérables, tout le monde serait heureux ! » Les gens qui ont tout à gagner à un bouleversement et rien à y perdre, se pressent sur les pas de ce Jésus et n'attendent qu'un signal de lui pour se ruer sur les propriétés. Il s'est fait le chef du parti du désordre, et l'incroyable tolérance des pouvoirs publics ne sert qu'à encourager son audace. Dernièrement, il a chassé les marchands du temple, sans que l'autorité ait rien fait pour protéger la liberté du commerce. Aussi, son ambition n'a plus de bornes. À l'occasion des fêtes de Pâques, il est entré dans la ville comme un triomphateur, acclamé par la populace, qui criait : « Vive le fils de David ! » Il se croit déjà le roi des Juifs, ses affiliés le font passer pour le Messie, on finira par en faire un Dieu. Il faut pourtant bien que les honnêtes gens se défendent, et le premier devoir du gouvernement est de garantir leur sécurité contre les coupables menées des brouillons et des factieux. »

Il répugnait à Pilate de faire mourir un innocent pour satisfaire les haines de prêtres. En somme, les ennemis de Jésus ne trouvaient à lui reprocher que des intempérances de langage : il n'y avait pas là de quoi tuer un homme. Mais on fit comprendre à Pilate que son indulgence compromettrait sa position officielle : « Si tu ne vois pas le danger de ces prédications subversives, c'est que tu n'es pas l'ami de César ». Pilate se lava les mains et céda pour conserver sa place. Sa lâcheté ne lui laissa pas beaucoup de remords. « Le maintien de l'ordre est à ce prix, se disait-il. Un gouvernement habile doit tenir compte de l'opinion publique et se rendre à l'avis des hommes éclairés. Caïphe, qui a le sens pratique, a très bien posé la question : il y a tout avantage à sacrifier un individu pour sauver la société. Après tout, cet homme-là excitait à la haine et au mépris des gens les plus honorables. Si je lui faisais grâce, j'aurais l'air de céder à ma femme ; elle m'ennuie avec ses rêves, sa superstition et sa sensiblerie. Et puis cela m'est égal, je m'en suis lavé les mains ; avec un ennemi de la société, on n'est pas obligé d'être juste. »

Jésus fut livré aux prêtres qui le mirent en croix. Le gouvernement avait fourni des troupes pour contenir le peuple pendant le supplice, mais l'élargissement de Barabbas un homme d'action, avait suffi pour calmer le peuple. Il ne bougea pas et laissa tuer son ami. Cet événement, qui partage en deux l'histoire du monde, passa inaperçu des contemporains. Les prêtres, ayant reçu Jésus des mains de Pilate, ne le lâchèrent plus ; ils peuvent dormir tranquilles, leur victime leur appartient à jamais : ils en ont fait leur propriété. Ils battent monnaie avec sa doctrine, ils vivent de sa mort. Chaque jour, le prêtre tient l'hostie dans ses mains, et renouvelle sur l'autel le sacrifice du Calvaire. L'histoire de l'Église est le commentaire sinistre de cette divine tragédie. Du ciel mystique où il réside, le Dieu de la libre parole et des revendications égalitaires a vu chaque jour, pendant dix-huit cents ans, sa croix servir de drapeau à la plus violente oppression qui ait jamais pesé sur sa pensée.

D'après le dogme catholique, Jésus-Christ est présent à la fois dans chacune des hosties. Ce grand symbole de l'Eucharistie est profondément vrai, d'une vérité mystique et inconsciente, comme tous les symboles religieux. Le christianisme est l'apothéose des vertus humaines : l'Homme-Dieu, type du sacrifice de soi-même pour le salut du monde, se révèle éternellement dans toutes ses incarnations, dans tous les martyrs de la libre parole, qui réclament, au nom de la fraternité universelle, les droits imprescriptibles des faibles et des humbles, des déshérités et des pauvres, de toutes les victimes du désordre social. Depuis que le christianisme est devenu la religion de l'Europe, le drame de Golgotha, la Rédemption par la douleur, a eu d'innombrables répétitions sur le sanglant théâtre de l'histoire : les persécutions des hérétiques et des infidèles, les bûchers de Jean Huss et de Jérôme de Prague, de Vanini et d'Etienne Dollet, de Savonarole et de Giordano Bruno, le massacre des Albigeois et des Vaudois, les autodafés, les prisons du Saint-Office, la nuit de la Saint-Barthélémy, la révocation de l'édit de Nantes. Toutes ces victimes de l'Église rayonnent dans la gloire du ciel chrétien. Ainsi le Christ est présent dans toutes les hosties.

L'hérésie a emboîté le pas à l'Église, et le bûcher de Michel Servet a répondu aux bûchers de l'Inquisition. Le pouvoir politique a mis ses soldats, ses juges et ses bourreaux au service des haines sacerdotales ; les rois d'Espagne ont présidé aux sacrifices humains ; les dragonnades de Louis XIV ont renouvelé les lâches insultes des soldats bafouant le Sauveur dans le prétoire de Pilate, et toujours, entre les bourreaux et les victimes, le peuple assistait, indifférent et inerte, au spectacle des tortures et à l'agonie de ceux qui mouraient pour lui. La Révolution n'a pas voulu rester en arrière de l'ancien régime. Elle qui proclamait les Droits de l'homme et l'affranchissement de la pensée, elle a eu ses procès de tendance avec la parodie de la justice pour frapper la libre parole ; elle a eu la loi des suspects et les échafauds de la Terreur. Avant d'y monter pour avoir prêché la clémence, Camille Desmoulins avait le droit d'évoquer, devant le tribunal révolutionnaire, le souvenir du sans-culotte Jésus.

Il faut que le Calvaire soit éternel, puisque les Dieux sont en dehors du temps. Le Calvaire s'appelle aujourd'hui Cayenne et Nouméa, et comme le Christ fut crucifié entre deux voleurs, il faut que les prédicateurs populaires et les journalistes intransigeants, qui répandent, par la parole, l'évangile des revendications sociales, soient confondus, sur les pontons et dans les bagnes, avec les brigands et les assassins. Et il en sera ainsi jusqu'à la fin des temps, car le Christ est immortel, comme tous les Dieux, et il a annoncé que son règne ne devait pas finir. Il faut que cette parole s'accomplisse, et que le juste soit immolé pour ses frères dans les siècles des siècles. Éternellement la pensée libre sera proscrite, éternellement les apôtres de la justice fraternelle, des utopies égalitaires et des palingénésies rêvées seront insultés, fouettés et couronnés d'épines, comme leur divin modèle, crucifié dans chacun d'eux, le Verbe rédempteur, la Parole créatrice, la Raison éternelle, qui éclaire tout homme en ce monde, et qui est la vérité, la lumière et la vie.

APOTHÉOSE DU FÉMININ

※

Parmi les causes qui ont aidé à la transformation des croyances et des mœurs du monde occidental, une des plus importantes, quoiqu'on l'ait peu remarquée, a été l'action continue des femmes. Ne pouvant tourner leur activité vers la politique, les femmes se rejetaient sur la religion. Leur nature nerveuse les entraînait surtout vers les cultes mystiques, où la mort et la résurrection d'un Dieu était célébrées par des alternatives de douleur bruyante et de joie passionnée. Pendant plusieurs siècles, les femmes avaient préparé l'avènement du christianisme, elles prirent une part active à sa propagation. Elles suivaient le Christ au désert, suspendues à sa grave parole, car il n'avait pas voulu condamner la femme adultère, et il pardonnait beaucoup à celle qui avait beaucoup aimé. Au jour de sa passion et de sa mort, vendu par un de ses apôtres, renié par un autre, abandonné de tous ses disciples et de tous ses amis, il vit des femmes en pleurs sur le chemin de son supplice. Elles embrassaient la croix et buvaient le sang de la régénération. Quand elles revinrent aux premières lueurs du matin et trouvèrent le sépulcre vide, c'est à elles qu'il apparut d'abord et, avant toutes les autres, à celle de laquelle il avait chassé sept Démons. Elle fut la première à saluer le nouveau Dieu du monde, et le monde crut à sa parole et répéta avec elle : « Le Christ est ressuscité ».

Que leur a-t-il donné, pour prix de leur dévotion à son culte ? On dit aujourd'hui que le christianisme a émancipé la femme : il y avait longtemps que cela n'était plus à faire. En substituant le mariage à la polygamie patriarcale, l'hellénisme avait élevé la femme à la dignité de mère de famille, de maîtresse de maison, selon l'expression d'Homère. Des Déesses siégeaient dans l'Olympe, à côté des Dieux, et les oracles divins étaient rendus par des femmes, les Péléiades de Dodone, les Pythies de Delphes. Mais le Dieu du christianisme s'incarne sous la forme d'un homme, et le Féminin n'a pas place dans la Trinité. La femme est l'instrument du démon et la source de la damnation du monde. Ses mains ne sont pas assez pures pour offrir le sacrifice ; sa bouche, pleine de mensonges, ne peut annoncer au peuple les paroles divines. Elle est exclue du sacerdoce, la plus haute fonction dans l'ordre moral ; repoussée au pied de l'autel, elle s'agenouille devant le prêtre, confesse ses fautes, et implore son pardon. L'homme, investi d'un caractère sacré, l'interroge comme un juge, lui impose la pénitence expiatoire, éclaire sa conscience obscure et dirige tous les actes de sa vie.

Et cependant sur les débris de la dernière Église, la femme viendra prier. C'est que le christianisme a fait bien mieux que de l'affranchir, il l'a conquise. Ce n'est pas la liberté qu'elle demande, c'est l'amour, qui la choisit et la dompte. Sa religion n'est pas la justice, c'est la grâce ; sa morale n'est ni le droit ni le devoir, c'est la charité. Elle n'a que faire de ces divinités viriles qui, du haut des Acropoles, excitent les hommes au combat. Elle n'a nul souci de la patrie et des religions républicaines, il lui faut un Dieu enfant à bercer dans ses bras, un Dieu mort à inonder de ses larmes. Qu'a-t-elle besoin d'être Déesse, pourvu qu'elle soit la mère de Dieu, son lis immaculé, son épouse élue, enveloppée dans sa lumière ? Elle lave les plaies, elle détache la couronne d'épines, savourant ses douleurs bénies, le cœur percé du glaive, mais le front couronné d'étoiles, ravie, transportée, défaillante, dans la nimbe radieuse des assomptions.

Aux jours de sa jeunesse, la Grèce avait enfanté la religion d'Homère et de Phidias ; quand son idéal fut transformé par la philosophie, elle légua aux races nouvelles le fruit de sa vieillesse, le Verbe, le dernier-né de ses Dieux. Une philosophie ne peut devenir une religion qu'en revêtant la forme concrète du symbole ; il faut que les idées divines prennent un corps, comme les âmes qui veulent entrer dans la vie. Cette incarnation du divin n'est pas, comme on l'a cru, l'œuvre artificielle des lettrés et des prêtres : c'est une œuvre populaire, une révélation inconsciente et spontanée. Les philosophes n'ont jamais pu créer un symbole religieux, pas plus qu'ils ne peuvent créer une langue. Mais leur pensée avait pénétré à leur insu dans la profondeur des couches sociales, parmi les vaincus et les esclaves. Dans les derniers rangs d'un peuple méprisé, il était tombé un rayon de cette lumière sacrée, l'éternelle Raison, qui est le seul Dieu de la philosophie, et le Verbe s'était incarné dans le sein d'une vierge juive. Le souffle créateur de la Grèce, l'esprit aux ailes de colombe, avait visité l'âme religieuse de l'Orient et l'avait fécondée sans la flétrir.

D'après le fragment des Grandes Eœées placé au commencement du Bouclier d'Hésiode, Zeus, voulant opposer un protecteur puissant au fléau de la guerre, résolut de donner Héraclès au monde ; c'est dans ce but qu'il entra chez Alcmène, en prenant les traits d'Amphitryon, « car aucune femme n'aima autant son mari ». Dans le dogme chrétien, une vierge sans tache, épouse d'un juste, est choisie pour enfanter le Sauveur ; la forme du symbole est plus chaste, mais c'est la même pensée : la naissance des héros est un bienfait des Dieux. Héraclès est appelé tantôt le fils de Zeus, tantôt le fils d'Amphitryon ; Jésus passe pour le fils de Joseph, et l'Évangile expose la généalogie qui le rattache à David, quoiqu'il soit en réalité fils de Dieu. Le Rédempteur ne pouvait naître que d'une vierge, car c'est la pureté de l'âme qui enfante le sacrifice de soi-même. Rien de plus transparent que ce gracieux symbole de la Vierge mère, qui devait fournir à l'art de la Renaissance un type nouveau du Féminin éternel.

La Grèce avait conçu et réalisé tous les types de la beauté humaine et en avait peuplé son Olympe ; mais l'art grec n'avait pas songé à confondre dans un type unique les deux formes idéales du

Féminin, la Vierge et la Mère. L'art chrétien a comblé cette lacune : la Vierge mère a toujours été son type de prédilection. À l'idéal féminin qui flottait confusément dans les rêves du Moyen Âge, il fallait une forme définitive : la Renaissance l'a réalisée, et le véritable apôtre de la mère de Dieu, c'est Raphaël. Sa gloire est d'avoir su donner au type divin de la Vierge mère sa plus haute et sa plus complète expression. La Madone de Raphaël n'est pas cette pâle Vierge byzantine qui règne dans un nimbe d'or, ni celle qui, dans le Paradis d'Angelicos de Fiesole, reçoit la couronne des mains de son fils, dont elle semble plutôt l'épouse. Ce n'est pas non plus l'humble et douce ménagère des maîtres de la Flandre et de l'Allemagne, moins encore la Vierge sans enfant des assomptions espagnoles, qui ne regarde pas la terre, et qui s'envole dans le bleu sous l'aile des chérubins. La Madone est plus que tout cela, c'est l'apothéose de la famille, une mère qui sourit à son enfant. Le père si effacé dans la légende, le menuisier à la barbe grisonnante, qui figuré toujours au second plan dans les Saintes Familles, se repose de son travail en contemplant ce tableau de la paix et du bonheur. La Madone est la plus sublime création de l'art chrétien : c'est encore plus beau que les cathédrales gothiques ou les fresques du Vatican.

Quoique la mère de Dieu ait été exclue de la Trinité par l'inflexible orthodoxie monothéiste, elle a bien plus d'importance dans le culte que le Saint-Esprit et même que Dieu le père. Seule, elle se manifeste encore aujourd'hui par des théophanies et des guérisons miraculeuses. Son culte est le plus populaire des religions vivantes. S'il n'a pas pris dans les pays protestants le même développement que dans les pays catholiques, c'est qu'il n'est pas sorti de quelques versets des textes sacrés ; il est éclos spontanément dans la conscience du peuple qui place la Sainte Vierge, la Bonne Vierge, au plus haut du ciel, dans le rayonnement de la gloire de son fils. De nos jours, l'Église romaine a consacré la dignité du Féminin éternel par le dogme de l'Immaculée Conception. Ce dogme récent, qui précise le caractère mythologique et divin de la Vierge mère, est le couronnement du christianisme : l'apothéose de l'humanité ne serait pas complète si le Féminin n'en avait sa part.

L'HOMME

EXTRAIT DE LOUIS MÉNARD ET SON ŒUVRE

PHILIPPE BERTHELOT

PORTRAIT DE LOUIS MÉNARD par RENÉ MÉNARD.

> *Les rêves s'en vont avec l'espérance ;*
> *N'importe : marchons seul, comme il convient aux forts.*
> *Sans peur, sans regrets, marchons en silence*
> *Vers la sphère sereine et calme où sont les morts.*
>
> — L. M.

Louis Ménard est né au cœur de Paris, le 19 octobre 1822, dans l'étroite et triste rue Gît-le-Cœur ; ses parents étaient tous deux Parisiens de naissance : son père, libraire et banquier escompteur, descendait d'une famille qui remontait rapidement à un paysan du Perche ; sa mère était originaire d'une famille de petite noblesse venue de l'Angoumois : un tableau du Louvre, placé dans la salle du XVIIIe siècle, représente une dame Mercier, nourrice du Dauphin, arrière-grand-mère de Louis Ménard ; c'est, comme il le dit « un pot au lait à mettre dans son blason ». Il était destiné aux lettres car son grand-père Rioux de Maillou était libraire dans la galerie de Bois au Palais-Royal et son grand-oncle de Senne, édita *le Vieux Cordelier* de Camille Desmoulins.

Avant d'entrer au collège, Ménard suivit, rue de Richelieu, les cours d'un professeur nommé Collard, fort à la mode, car il était précepteur du duc de Bordeaux et de sa sœur. Les parents assistaient aux leçons et c'est ainsi que la princesse de Beauvau y amenait sa petite-fille, Mlle de Lépinaye, dont le souvenir n'a jamais quitté Ménard : c'était une enfant toute mignonne, pâle et fluette dans sa robe de soie noire avec de grandes manches à gigot ; ses yeux bleus lui souriaient doucement. On n'était pas premier, second, mais président et présidente. En 1830 le cours fut supprimé et Louis Ménard entra à Louis-le-Grand. Il y trouva d'abord Frédéric Passy, en septième ; mais il ne se lia pas de cœur avec lui[1] : il se promenait presque toujours seul dans la cour des internes. En quatrième, il fit une autre connaissance : Baudelaire, qui le précédait de deux ans ; c'était déjà un singulier camarade, que son paisible dédain de l'administration fit bientôt renvoyer à Saint-Louis. Cousin, le bibliophile, cherchant dans la suite à donner une raison piquante de ce départ, a renvoyé les curieux à la deuxième églogue de Virgile : mais cette petite note perfide, publiée chez Pincebourde, ne répond à rien de réel. Baudelaire et Ménard eurent en 1837, chacun dans sa classe, le prix de vers latins au concours général. Wallon, que notre auteur eut pour professeur d'histoire[2], lui donna l'amour de la Grèce et c'est à Jules Simon, son professeur de philosophie, qu'il attribue son scepticisme. Entré à l'École normale en 1843, Ménard n'y resta que deux mois : car il avait déjà un goût très vif de la liberté. Il publia la même année son premier volume de vers *Prométhée délivré*, à ses frais, sous le pseudonyme de Louis de Senneville. C'est un poème philosophique écrit sous l'influence de Byron ; le poète, qui n'a jamais été tendre pour ses vers, a dit plus tard que c'était un travail de rhétorique ; les vers ont pourtant une belle tenue et rappellent souvent Vigny :

> *Et les sages m'ont dit : « Tes prières sont vaines ;*
> *Notre voix est si faible et le ciel est si loin !*
> *Sois fort et prends ta part des misères humaines,*
> *Tes maux n'ont dans le ciel ni juge ni témoin. »*

Un seul critique s'occupa de ce drame lyrique ; ce fut Baudelaire qui éreinta son ami dans un article intitulé : « Qu'est-ce que la poésie philosophique ? Qu'est-ce que M. Edgar Quinet ? » Ménard ne lui rendit pas la pareille quand Baudelaire vint lui lire son drame de *Mazaniello*, qui n'a jamais paru.

Ménard était intarissable sur le compte de Baudelaire. Celui-ci vint un jour le chercher et l'emmena à Châtillon dans une guinguette : « Les journaux à grand format me rendent la vie insupportable », dit-il (c'était une de ses plaintes favorites), « j'ai décidé de me tuer ; peux-tu me préparer de l'acide prussique ? je m'embarquerai et boirai la fiole en pleine mer. » Ils discutèrent gaiement du meilleur mode de suicide et s'arrêtèrent au poignard ; puis ils se grisèrent de vers jusqu'au soir. Voyant l'ombre descendre sur la tonnelle, Ménard émit la prétention de rentrer dîner, car ses parents l'attendaient. Mais Baudelaire s'indigna : « C'est la dernière journée que nous passons ensemble et tu ne penses qu'à la régularité de ton repas ! Dis-moi encore des vers. »

Ils se quittèrent enfin et se dirent adieu. Deux jours plus tard, Privat d'Anglemont vint trouver Ménard : Baudelaire avait disparu, après avoir demandé avec insistance à Cousin « son avis sur l'immortalité de l'âme ». On convint de s'informer chez Banville, qui s'écria : « Tout s'explique ! il m'a envoyé ses manuscrits pour les publier après sa mort. » Aussitôt chacun voulut les voir et l'on s'égaya fort de lire des annotations dans ce genre : « Faites votre possible pour ne pas publier ceci... » « Rien de plus simple », dit Banville, et il jeta le poème au feu ; puis l'on parla d'autre chose. Ménard, plus sensible et très inquiet, courut chez la maîtresse de Baudelaire, Jeanne Duval, qui demeurait rue de la Femme-sans-Tête : une dame à cheveux blancs (sa mère) vint ouvrir et appela : « Jeanne ». Aussitôt une grande mulâtresse nonchalante, drapée de satin jaune, arriva en se balançant et, sur l'assurance qu'il ne s'agissait pas d'un créancier, raconta que Baudelaire, voulant frapper sa mère et faire payer ses dettes par son beau-père, le général Aupic, avait été se suicider dans leur quartier : il s'était à peine blessé et était soigné chez ses parents. À quelque temps de là, Baudelaire rencontra Ménard et lui parla négligemment de littérature ; il se fit prier beaucoup avant de se décider à raconter son suicide.

« J'ai été rue de Richelieu dans un cabaret, avec cette fille que tu connais ; j'ai enfoncé le couteau, mais je ne sentais rien, alors j'ai appuyé plus fort ; à quelque temps de là j'ai été réveillé par un ronronnement ; j'étais chez le commissaire de police qui déclamait : « Vous avez commis une mauvaise action ; vous vous devez à votre patrie, à votre quartier, à votre rue, à votre commissaire de police ! ». Et Jeanne le calmait en criant : « Vous avez tort de lui dire cela ; s'il vous entend, je vous préviens qu'il est très brutal. » On m'a porté dans ma famille ; maman copiait mes vers ; mais cela ne pouvait durer : on ne boit chez elle que du bordeaux et je n'aime que le bourgogne. Je suis parti ; pour le moment je suis sans domicile ; quand vient la nuit, je m'étends sur un banc. » C'était là une des prétentions de Baudelaire, que l'on savait riche et dandy, mais qui tenait beaucoup à passer pour un bohème misérable. En s'en allant, il dit encore : « Je vais travailler pour les Jésuites. »

Les relations de Ménard avec Leconte de Lisle (arrivé à Paris en compagnie de Paul de Flotte en 1846) datent de la même époque : Thalès Bernard le découvrit passage des Beaux-Arts. Les premiers vers de Leconte de Lisle avaient paru dans la *Phalange*, journal de Victor Considérant, où se réunissaient tous les mercredis les phalanstériens. *La Démocratie Pacifique* ne tarda pas à prendre la place de la *Phalange* et le poète fut chargé de la lecture des manuscrits : mais son incroyable sévérité ne lui permit pas de continuer longtemps : il dut se contenter de collaborer au journal. Thalès Bernard et Ménard savaient par cœur tous les vers de Leconte de Lisle et tous trois ne tardèrent pas à se lier intimement. Un soir, ils partirent pour passer la nuit dans les bois de Meudon et éprouver la majesté des bois dans l'ombre. Ils s'installèrent chacun dans un arbre et Thalès, plein d'enthousiasme, prophétisa : « Ô panthéisme, tu m'inondes ! » Cependant la fraîcheur de la nuit les glaçait ; ils rentrèrent à pied au petit jour, désappointés et transis. Tous trois éprouvaient une même passion pour la Grèce : Ménard, enthousiaste et érudit, révélait les sens profonds des grands symboles de l'hellénisme et récitait des vers d'Homère et d'Euripide. Leconte de Lisle, ironique d'abord, appelait Ménard le « seigneur Crépuscule », par allusion à son explication du mythe d'Hermès ; mais il se laissa peu à peu initier, et plus tard il aimait à rappeler la grande influence exercée sur lui par son ami, et ces conversations où son art s'est élargi et humanisé. Quant à Baudelaire, il ne plut jamais à Leconte de Lisle ; leur première rencontre fut significative. Baudelaire lui dit : « Si j'avais un fils je lui apprendrais à ne tenir aucun compte des préjugés de la morale. Je lui conseillerais d'abord la sodomie. — Cela va de soi, répondit froidement Leconte de Lisle, la sodomie est universellement admise. »

Brusquement la curiosité d'esprit de Ménard le jeta dans une voie nouvelle. Dès le collège il aimait la chimie « comme une maîtresse » ; il n'avait pas cessé de manier les cornues et entra dans le laboratoire du chimiste Pelouze : ce furent quelques mois d'études acharnées et délicieuses, couronnées par un résultat presque immédiat. Le 9 novembre 1846 il présentait à l'Académie des Sciences, qui l'inséra dans ses comptes rendus, une petite note ainsi conçue : « MM. Florès Domonte et Louis Ménard, qui s'occupent en commun d'un travail sur la xyloïdine, ont constaté que cette substance est très soluble dans l'éther. » Le collodion était inventé. Ironie des choses ! Cette grande découverte, rendue plus tard si importante par ses applications au traitement des plaies, à la chirurgie, aux matières explosives, et par son emploi décisif pour la photographie, passa presque inaperçue. Son auteur même n'en tira aucun avantage. Il en fut d'ailleurs presque aussitôt dépouillé : en 1847, un Américain du nom de Maynard, étudiant en médecine à Boston, eut l'idée d'appliquer le collodion au traitement des plaies ; le savant français dédaigna de réclamer son bien ; depuis lors les dictionnaires de chimie, trompés par la similitude des noms, attribuent la découverte à l'étudiant américain ; sans les rectifications imposées par M. Berthelot l'erreur durerait encore, car Ménard s'en était désintéressé.

Il continua quelque temps ses expériences et, le 8 mars 1847, l'Académie des sciences insérait une nouvelle communication : en traitant par l'acide nitrique fumant les corps de la famille du sucre, glucose, sucre de lait, mannite, il obtenait des matières blanches solubles dans l'éther et l'alcool ; puis, précipitant ces matières de leur dissolution nitrique par l'acide sulfurique, il réussit à cristalliser la marmite nitrique. La nitro-mannite, dont la préparation est fort coûteuse, est peut-être le plus puissant explosif connu : Ménard a gardé toute sa vie sur sa cheminée son petit flacon. On voit combien il était près des grandes découvertes modernes, avec le collodion et la nitro-mannite. Mais il ne prévoyait pas alors les conséquences de ses travaux.

Ce premier essai l'encouragea cependant et il s'associa aux recherches de Paul de Flotte et de Tessier du Motet qui croyaient avoir découvert la transmutation des métaux. Paul de Flotte est ce cœur généreux que sa passion démocratique fit déporter en 1848, proscrire en 1852, et qui tomba héroïquement au combat de Solano, en 1860, à la tête des volontaires français qu'il amenait à Garibaldi. Il s'occupait en 1847 de faire de l'or. Ménard tenta à ses côtés la fabrication du diamant : il cherchait la cristallisation du carbone, par la voie humide et la décomposition lente de matières organiques ; il avait disposé ses expériences dans une série de petits tubes et attendait patiemment. Sur ces entrefaites l'année 1848 commençait : de Flotte se jeta aussitôt dans la mêlée ; devenu président du Club Blanqui, il abandonna son laboratoire et toutes les expériences commencées :

— J'ai jeté tous vos petits tubes, dit-il à Ménard.
— N'avez-vous rien vu de particulier ? s'écria celui-ci.
— Si : l'un d'eux contenait un petit cristal brillant.
— Malheureux, c'était du diamant, gémit le pauvre chimiste.

Telle fût sa dernière expérience ; il ne devait plus jamais s'occuper de chimie.

Passionné de justice, enivré des souvenirs de la liberté antique, Louis Ménard ne tarda pas à quitter le ministère de la Marine où il était entré comme surnuméraire : chaque jour il abandonnait son chapeau à sa place et quittait le ministère pour courir manifester. On lui fit de sérieuses observations ; rempli de rêves humanitaires, il eut l'idée de se faire envoyer aux colonies pour émanciper les esclaves et se fit présenter à Schœlcher mais il ne parvint pas à le convaincre de sa vocation. Il se jeta alors dans le mouvement révolutionnaire avec Leconte de Lisle, qui s'était fait déléguer par le « Club des Clubs » en Bretagne pour préparer les élections : celles-ci furent déplorables. « Vous vous figurez difficilement l'état d'abrutissement, d'ignorance et de stupidité naturelle de cette malheureuse Bretagne », écrivait Leconte de Lisle à son ami. En même temps le Club des Clubs le laissait en détresse à Dinan : il revint, dégoûté de l'action, mais gardant sa foi républicaine. Louis Ménard, transporté d'indignation par les fusillades des prisonniers pendant les journées de juin, publia dans le *Représentant du Peuple*, le journal de Fauvety et de Proudhon, des vers politiques (intitulés *Gloria Victis*) et toute une suite d'articles vengeurs, qu'il réunit en volume sous le titre de *Prologue d'une Révolution*.

Poursuivi en même temps que le journal, Louis Ménard fut condamné, le 7 avril 1849, à quinze mois de prison et dix mille francs d'amende. Cette condamnation politique mena le poète à Londres d'abord, où Louis Blanc le reçut avec sympathie : mais Ménard ne le considérait pas comme assez avancé ; sa passion allait à Blanqui qui avait alors contre lui la presque totalité du parti républicain. Leconte de Lisle soutenait son courage par des lettres admirables : il disait son désespoir du rôle néfaste joué par Proudhon : « Je ne saurais t'exprimer, écrivait-il, toute la rage qui me brûle le cœur en assistant dans mon impuissance à cet égorgement de la République, qui a été le rêve sacré de toute notre vie. » Il s'inquiétait aussi de voir son ami proscrit et s'efforçait de le ramener dans les voies de l'art : « Vas-tu passer ta vie à rendre un culte à Blanqui, qui n'est après tout qu'une sorte de hache révolutionnaire. Va ! le jour où tu auras fait une belle œuvre d'art, tu auras plus prouvé ton amour de la justice et du droit qu'en écrivant vingt volumes d'économie. »

Louis Ménard cependant avait été rejoint par son frère René qui avait obtenu de Charles Blanc (resté directeur des Beaux-Arts) la commande d'une copie de Rubens à Anvers : les deux frères copièrent l'*Adoration des mages*, et leur toile doit noircir dans quelque église de province ; ils peignaient tous deux avec distinction. Louis revint ensuite à Bruxelles où il fréquentait le café des Réfugiés français ; la police belge les avait mis « en carte » : toutes les semaines ils devaient signer un registre à la Préfecture de police. Le milieu était peu intellectuel : c'étaient des discussions continuelles, des querelles de femmes, des duels incessants, ridiculement interrompus par les gendarmes belges. Ménard préférait la société des révolutionnaires allemands Karl Marx, Engels : il leur lisait ses vers, et Marx, enthousiasmé par la passion que respirent ces iambes, les envoya au poète allemand Freiligrath, qui les fit paraître en français (sous le titre d'*Adrastée*) dans la *Neue Rheinische Zeitung*.

Cependant les années passaient. L'amnistie de 1852 permit aux proscrits de rentrer en France. Ne pouvant plus faire de politique, sans parvenir pourtant à en détourner sa pensée, Ménard s'attacha de plus en plus à l'étude des civilisations antiques, qui lui permettaient de formuler ses revendications démocratiques sous le couvert de la Grèce républicaine. Mais cette évolution se fit peu à peu. Il venait de faire de la peinture et des vers, il continua d'abord : vivant à Barbizon, à Toucques où il connut Troyon, à l'Isle-Adam avec Jules Dupré ; il se lia aussi avec Rousseau qui lui donnait des conseils excellents. Comme Ménard admirait un jour deux toiles représentant, l'une, une ferme très travaillée et qui semblait achevée, l'autre, une forêt qu'il croyait à peine ébauchée, Rousseau lui dit : « Vous vous trompez ; la forêt est terminée et la ferme a encore besoin d'un long travail. Quelle idée se fait-on d'une forêt ? On y passe rapidement, on en garde une impression confuse, trouble, de lumière et de couleurs. Dans une ferme au contraire on s'arrête ; on remarque les plus petits détails ; tout doit y être très précis, très fini. » Dans la colonie de peintres installée à Barbizon, se trouvait un certain comte de Varenne qui invita Ménard et son frère René à le venir voir à Paris : ils trouvèrent une assemblée nombreuse et Louis fut placé par le hasard près d'un jeune homme avec lequel il sympathisa aussitôt : il lui fit un éloge enthousiaste de Blanqui ; l'autre répondait avec douceur : « Je ne suis pas complètement de votre avis, mais continuez, car vos opinions m'intéressent vivement. » C'était Guillaume Guizot. Il invita Ménard à venir le voir aux Champs-Élysées et le reçut toujours très courtoisement ; il ne laissait pas mal parler des révolutionnaires quand son hôte était là. Dans une de ces visites naquit l'idée des *Lettres d'un mort*. Ménard devait dans ce livre exposer les opinions d'un païen sur la société moderne et Guillaume Guizot se chargeait de rédiger les impressions d'un vivant qui retrouverait la société antique : mais il ne fit pas sa partie. Les *Lettres d'un mort*, dont l'audace empêchait la publication à Paris, parurent dans une revue belge, la *Libre recherche*.

Ménard n'abandonnait pas ses amis de lettres. On se retrouvait tous les soirs chez Thalès Bernard, qui tournait au mysticisme comme sa sœur, religieuse et missionnaire en Chine ; Leconte de Lisle faisait des bouts-rimés sur l'infini et terminait son premier volume de vers, qui allait être édité par souscription en 1853, peu avant celui de Ménard. On rencontrait chez Thalès tous les adorateurs de la Grèce : Bermudez de Castro, qui fut ministre d'Espagne à Athènes et revint, furieux d'avoir vu les véritables Grecs et leur affreux pays de poussière ; Tessier du Motet, qui prétendait que George Sand s'était donnée pour cent sous à l'un de ses amis et en fournissait la preuve : « J'ai vu la pièce de cent sous ! » ; l'ouvrier socialiste Dubois, qui se vantait de n'avoir jamais prononcé le nom de Dieu, même en jurant ; le pauvre poète Cressaut, qui avait envoyé à Garibaldi une pièce de vers qui se terminait ainsi :

> *Et comme aux fiers guerriers il faut de fiers poètes*
> *Laisse-moi te haïr !*

Il habitait au cinquième étage et fut obligé de déménager le jour même où Ponsard emménageait au premier : « On me renvoie, disait-il avec indignation, pour loger un Ponsard ! » La bohème de ce temps était dure : ce n'était pas celle de Murger, qui a bordé de lilas l'amer chemin de la jeunesse. Leconte de Lisle arrivait tout juste à ne pas mourir de faim ; il habitait tantôt chez un ami, tantôt chez un autre ; et cela dura vingt ans. Son courage ne fléchissait pas cependant. Il écrivait à Ménard : « Tu me dis que personne n'a lu tes vers, si ce n'est moi. Voilà une magnifique raison ! Qui diable a lu les miens ? Toi et de Flotte. Au surplus qu'est-ce que cela fait à tes vers et aux miens ? Tu sais bien que tout ceci rentre dans l'ordre commun. Se désespérer d'un fait aussi naturel, aussi normal, aussi universel, c'est se plaindre de ne pouvoir décrocher une étoile du ciel. » Le petit cénacle réuni chez Thalès avait fondé une religion et pris le nom de *Club théagogique* (théagogue formait une rime admirable à mystagogue et à démagogue) : ses membres reprenaient l'idée de la métempsycose en l'adaptant aux connaissances astronomiques du temps ; la vie future aurait été une transmigration d'étoile en étoile. Leconte de Lisle acceptait absolument cette conception.

Ménard s'amusait aussi avec Leconte de Lisle à faire des parodies de Baudelaire qu'ils envoyaient à la *Revue des Deux Mondes* en les signant « Courbet ». La Revue venait de publier des vers de l'auteur des Fleurs du mal en les accompagnant d'une note pour s'excuser, disant qu'elle les donnait « comme une marque de certaines défaillances de la jeunesse littéraire, sans les approuver ni les discuter. »

Une pièce de vers inédite et fort amusante, parodie du *Dies irae*, que Ménard envoya à Leconte de Lisle un jour de pluie, passé à

Toucques avec son frère, rendra plus vivant ce petit groupe, si loin de nous déjà.

DIES PLUVIAE
Il est un jour, une heure, où le paysagiste
Las de porter son sac et sa boîte à couleurs
S'étend sur son lit, fume, et bâillant d'un air triste
Se retourne, pensif vers les littérateurs.

Il pleut trop aujourd'hui pour dessiner des vaches.
Lassés du mauvais temps qui ne veut pas finir
Nous dîmes : « Écrivons à ces vieilles ganaches ! »
Ainsi nous évoquions votre cher souvenir.

Nous voyions assemblé le club théagogique
Dubois, Marron, Thalès et de Lisle et Cressaut
On y pleure Léon, qui pend en Amérique,
On y regrette aussi Bermudès de Castro.

Ô la chambre à Thalès, le tabac et la pipe
Les grandes visions de ces êtres pensifs
Ruminant des bons mots du temps de Louis-Philippe
Et suant à chercher des dieux définitifs.

En 1855, Louis Ménard publia les *Poèmes*, livre aujourd'hui introuvable, précédé d'une préface d'une grande hauteur philosophique et d'une belle netteté de langage qui se terminait par ces paroles si simples : « Je publie ce volume de vers qui ne sera suivi d'aucun autre, comme on élève un cénotaphe à sa jeunesse. Qu'il éveille l'attention ou qu'il passe inaperçu, au fond de ma retraite, je ne le saurai pas. Engagé dans les voies de la science, je quitte la poésie pour n'y jamais revenir. » Bien des années plus tard, à la fin de sa vie, il ajoutait : « Mon attente n'a pas été trompée : la critique a gardé le silence sur mon livre et je ne m'en plains pas. Ce silence de la presse m'a rendu service en me détournant d'une voie sans issue. » Qu'il soit permis de regretter cette décision si ferme, cette condamnation si modeste d'un beau talent poétique : les admirables sonnets stoïciens et bouddhiques, parus vingt ans plus tard et pour lesquels Renan avait un goût si vif, montrent tout ce que l'on pouvait attendre de Ménard. Parmi les pièces d'un ton si varié de ce petit volume le poète a glissé, sous le nom de *Cremutius Cordius*, sa protestation contre les huit millions de voix qui ont voté l'Empire.

Selon la coutume il envoya son livre aux « grands hommes » : aucun ne lui répondit, et pas un journal ne parla des vers de Ménard. Quelques années après, il a retrouvé sur les quais l'exemplaire dédié à Vigny, portant en marge de longues annotations du poète : il a gardé précieusement ce livre. Les Parnassiens, à qui il apprit le grec, ne lui ont pas fait parmi eux la place qu'il mérite. Dans le Parnasse de 1865 on publia bien son sonnet : *Erynnis*, mais en remplaçant le titre par celui incompréhensible de *Jenny*, qui devint lui-même, sur l'avis de Catulle Mendès, *Ennui*. Dans le *Nouveau Parnasse* Lemerre refusa d'insérer les vers politiques de Ménard et l'absence de son nom est singulièrement choquante. Plus tard, Leconte de Lisle et Heredia[3] lui ont rendu justice en avouant que les Parnassiens tenaient leur substance esthétique et philosophique de ses graves leçons. Anatole France, de son côté, n'a cessé de rappeler le rôle initiateur joué dans le mouvement néo-grec par l'adorateur intelligent des dieux primitifs, par le commentateur dévot de la théologie hellénique : est-il permis de rappeler ici que l'un des plus beaux livres de cet admirable chroniqueur, *Thaïs* est inspiré d'une nouvelle de Ménard, l'*Ermitage de Saint-Hilarion*, véritable petit chef-d'œuvre qui soutient au moins la comparaison.

Un article qu'il fit sur Renan dans la *Revue philosophique et religieuse* de Fauvety, ouvrit à Ménard son salon : il attira de suite l'attention et gagna l'estime du grand philosophe. C'est là aussi qu'il connut M. Berthelot, avec lequel il se lia : il venait souvent déjeuner à Sèvres pendant la belle saison, et faisait avec lui des promenades péripatéticiennes dans les bois paisibles de Chaville et de Viroflay, du rond-point de l'Arbre-Vert au carrefour du Hêtre Rouge. C'est sous cette influence et celle de Renan que Ménard se décida à donner un corps à ses idées sur la Grèce, la morale primitive et le polythéisme hellénique ; il songeait alors à entrer dans l'enseignement des Facultés, où sa profonde connaissance du grec lui eût assuré un brillant avenir. Il décida, en 1859, de passer son doctorat et rédigea sa thèse latine sur la *Poésie sacrée des Grecs* : il la composa d'abord en grec. Sa thèse française portait sur la *Morale avant les Philosophes* : la nouveauté et la hardiesse des idées firent hésiter la Faculté ; elle céda, cependant, et la soutenance fut un véritable triomphe. Comme on l'a dit joliment, il a donné là le « Génie du Paganisme ». Le nouveau docteur rêvait de partir pour la Grèce ; Beulé s'y prêtait ; mais la décision définitive dépendait d'un fonctionnaire nommé Cerveau, qui refusa tout appui à l'auteur d'une thèse qui peut se résumer « le Polythéisme est la meilleure des religions, puisqu'il aboutit nécessairement à la République. »

Ménard reprit philosophiquement ses pinceaux. Il enferma tous ses livres dans une caisse qu'il cloua fortement et sur laquelle il empila des habits. Puis il s'en fut prendre des vues dans la forêt de Fontainebleau : sous-bois du Bas-Bréau, genévriers du Long-Rocher, cerfs au bord de la Mare-aux-Fées, exposés régulièrement aux Salons pendant dix ans, à partir de 1859. Malgré le suffrage précieux de Théophile Gautier, on croit encore que, de toutes les études que Ménard aborda, la peinture fut celle où il témoigna le moins de maîtrise. Lui-même, découragé par l'indifférence du public, avait perdu toute confiance et ne toucha plus un pinceau pendant les quarante dernières années de sa vie. Une exposition prochaine de ses œuvres (projetée par quelques peintres qui n'ont pu les voir sans émotion entassées dans la poussière où il les avait jetées) montrera qu'aucune de ses études n'est banale ; si elles manquent un peu de métier, elles ont un grand charme et traduisent toutes avec finesse un sentiment artiste de la nature. L'art moderne lui doit d'ailleurs un peintre excellent, son neveu René Ménard, élevé dans son atelier, et qui a réalisé ce que son oncle avait rêvé d'être ; il a reçu de lui son amour de la Grèce, la compréhension de la poésie et de la nature antiques, la meilleure part de son talent ; on retrouve dans toutes les toiles de René ces belles teintes rousses et ambrées, répandues sur les lointains, le ciel, les arbres et la mer, combinaison harmonieuse qui distingue déjà les toiles de Louis Ménard.

Il portait dans la peinture son ingénieux esprit et créa le type de la *Centauresse*, négligé jusqu'à lui ; ce tableau ne fut pas admis au Salon, mais exposé au Salon des refusés, que Napoléon III avait organisé pour consoler Mme de Rothschild, d'un échec semblable. Fromentin passant par là, fut frappé de cette idée et fit à son tour une *Centauresse allaitant ses petits* qui eut un vif succès (immérité d'ailleurs). Le sort ménageait une revanche à Ménard : le philosophe Renouvier[4] s'était épris de la Centauresse il l'acheta deux cents francs et l'emporta dans son ermitage métaphysique d'Avignon où elle doit être encore. C'est le seul tableau qu'il ait vendu.

Dégoûté de la peinture, Ménard revint aux lettres, qui, du moins, ne coûtaient rien : il réunit ses théories si ingénieuses sur la poésie grecque, les mystères, les oracles, l'art, dans un volume le *Polythéisme hellénique*, qui parut en 1863, « livre admirable de force et de bon sens » dit Michelet, dans la *Bible de l'Humanité*. Construit à la manière de Taine, très fortement appuyé, rédigé dans une langue éloquente et élevée, c'est le complément de la *Morale avant les Philosophes*. Il continua ses travaux d'érudition et, sur le conseil de Maury, concourut pour le prix offert par l'Académie au meilleur travail sur les livres d'*Hermès Trismégiste* : ce sont les derniers monuments du paganisme ; ils font comprendre comment le monde a pu passer de la religion d'Homère à la religion chrétienne. Ménard eut le prix et demanda à Renan une petite préface : celui-ci accepta avec empressement et lut le soir même à l'auteur ses deux pages d'introduction ; elles débutaient ainsi : « Il est plus facile de montrer comment les dogmes finissent que de dire comment ils commencent. »

— Vous trouvez ? dit Ménard.

— Ce n'est pas votre avis ? rien de plus simple ! répondit Renan avec son doux scepticisme, et il corrigea : « Il n'est *pas* plus facile de montrer comment les dogmes finissent que de dire comment ils commencent. » Ménard avait conservé le manuscrit qui porte encore la marque de cette spirituelle correction. L'article se terminait par ces mots : « Le rare talent de M. Ménard, ses idées philosophiques et religieuses qui se rapprochent de la manière de sentir des grands penseurs païens des premiers siècles de notre ère, sa riche langue poétique et métaphysique le désignaient admirablement pour traduire ces livres singuliers. Il ne les a pas rendus clairs, et certes, s'il l'eût fait, c'eût été la plus grave des infidélités. » Louis Ménard courut encore avec succès quelques prix académiques : *Études sur la sculpture antique et moderne*, *Histoire générale de l'art* : mais ce sont des ouvrages de vulgarisation, quelle que soit leur conscience. Dans ce dernier ouvrage, il signale avec beaucoup de force, avant Ravaisson, une statue d'Arès que l'on peut grouper avec la Vénus de Milo : c'est l'Achille Borghèse ; l'une de ces statues a été trouvée en Grèce, l'autre en Italie.

La réputation de Ménard commençait à s'étendre : ses doctrines sur les origines du christianisme, ses théories si originales et si éloquentes sur l'hellénisme avaient frappé tous les hommes d'érudition et de goût. Mais la guerre éclata, qui allait détourner l'attention, et la Commune, qui éloigna de lui tous ses amis. Ses idées avaient cependant obtenu la consécration suprême : il avait fait un disciple. Lamé, esprit exalté, mais d'une rare distinction ; il est vrai qu'il ne le garda pas longtemps ; après avoir prié Brahma toute une nuit, il se jeta par la fenêtre en disant : « Je m'élance dans l'éternité. » Droz ne voulait pas croire à cette mort extraordinaire : « Je savais qu'il était fou, disait-il à Ménard, mais je croyais que c'était comme vous. »

Pendant le siège, Ménard resta à Paris, où il recevait par pigeons de petites lettres photographiques d'après le système de d'Almeida, avec des nouvelles de sa mère et de sa sœur qui s'étaient réfugiées à Londres. Aussitôt après le siège il les rejoignit ; mais, en route, il tomba gravement malade d'une pleurésie et dut rester longtemps en Angleterre pour se remettre. Cette maladie lui sauva probablement la vie en l'empêchant de prendre part à la Commune, dans l'état d'exaltation où l'avait jeté la guerre. À peine de retour à Paris, ses sentiments se firent jour : désespéré de n'avoir pu remplir ,ce qu'il considérait comme son devoir en 1871, il écrivait à Jules Vallès : « On demandait pour Paris les franchises qu'ont toutes les communes de France : ils ont répondu par les bombes de Versailles, les mitrailleuses du Père-Lachaise et le poteau de Satory. » Il flétrit la conduite de Louis Blanc, il supplia Michelet dans une lettre éloquente de réhabiliter la Commune : « Quand vous aurez parlé de la mort héroïque de Delescluze, de l'honnêteté de Jourde, des bonnes intentions de la plupart, vous laisserez les autres dans la nuit d'où ils n'auraient jamais dû sortir ; vous flétrirez les vrais coupables, ceux qui ont repoussé toute tentative de conciliation, l'un, parce qu'on n'est assuré du pouvoir que quand on a sauvé la société ; les autres, pour venger l'Empereur et l'Empire sur la ville révolutionnaire ; enfin et surtout, les plus odieux de tous, ceux de la gauche, nos représentants, nos élus, qui sont restés là, muets, cloués sur leurs bancs par l'intérêt et par la peur, pendant le plus épouvantable massacre qui soit dans l'histoire. Ce rôle est digne de vous ; en l'acceptant, pendant que la persécution dure encore, vous aurez le bonheur intime d'avoir préparé, comme Camille Desmoulins, la réaction de la pitié. » Michelet répondit, le 18 juin 1872 : « J'ai commencé le XIXe siècle, cher monsieur, et je ne sais si je le continuerai longtemps ; pour le temps actuel, tout cela est encore bien mal expliqué. Je vous remercie de me croire digne de débrouiller une énigme aussi obscure. »

Brûlé par la passion politique, blâmé par ses amis qui s'écartaient de lui, Ménard se retira dans la solitude et peu à peu retomba dans l'oubli. De cette méditation solitaire sortit un livre exquis : les *Rêveries d'un païen mystique*, petit volume mêlé de prose et de vers où, dans une série de dialogues entrecoupés de sonnets, il a donné comme la fleur de sa pensée et de son talent. Le livre débute par un dialogue intitulé : le *Diable au café*, d'un tour philosophique si vif, qu'à deux reprises on l'a attribué à Diderot. Merlet le citait avec admiration comme un chef-d'œuvre de ce grand écrivain et la *Bibliothèque Universelle* le donne comme un manuscrit inédit de Diderot publié par Ménard. Jules Simon lui disait : « Quelle preuve pourrez-vous donner maintenant que ce n'est pas de lui ? »

Encouragé par le succès, Ménard se décida à rédiger *L'Histoire des Grecs*, qui parut en 1884. Il y mêle l'histoire de l'art à l'histoire politique, mettant sous nos yeux tous les monuments de la sculpture et de la numismatique, commentaires éloquents d'Homère et de Sophocle : Schlegel conseillait de même à ceux qui ne savent pas le grec de regarder les statues antiques. Cette histoire est le seul ouvrage d'ensemble que nous puissions opposer aux travaux allemands et anglais ; l'élévation du style égale celle de la pensée ; mais elle n'a pas été adoptée par l'Université et elle a passé presque inaperçue.

Les dernières années du vieux philosophe ont coulé dans la solitude : malgré sa force d'âme il n'y a pas trouvé le repos. Comme un défi, suprême, il a publié ses *Poèmes et Rêveries* en orthographe nouvelle : les critiques n'auraient pas discuté ses idées qu'ils ne comprennent pas, ils pourront blâmer son système d'orthographe. En vain les jeunes revues ont évoqué cette figure méditative ; comprenant mal son symbolisme, elles ont voulu lui faire honneur des nouvelles théories poétiques ; n'avait-il pas dit le premier qu'il faut « enfermer un dogme dans un symbole ». Les socialistes, en quête de grands ancêtres, l'ont revendiqué à leur tour : le conseil municipal lui a confié un cours d'histoire universelle, où il a exposé ses grandes idées religieuses et sociales. Il a d'ailleurs rendu au public les six mille francs que lui donnait la Ville en publiant à ses frais ses cours de l'Hôtel de Ville[5], dédiés à Garibaldi, comme au champion de la démocratie en Europe. Ce fut sa dernière joie. Il disait alors : « Je suis vieux et cassé et cependant une grande et belle dame est devenue amoureuse de moi et m'a demandé mon portrait. C'est la ville de Paris, qui le désire pour un de ses musées. Je suis en même temps courtisé par une autre dame, moins belle, mais plus puissante, ce qui ne suffit pas à me la faire aimer : cependant elle sait que je ne la crains pas. C'est la mort. »

Résigné à l'indifférence du public, retiré dans son atelier de la place de la Sorbonne que décorent des marbres, des bas-reliefs et des fresques antiques, entouré des livres qu'il aimait, il a vécu ses derniers jours dans une véritable frénésie d'ascétisme, sans abandonner un seul de ses rêves de Justice et de Beauté.

C'est là que son neveu René Ménard a peint l'admirable portrait qui est au Luxembourg : saisissante évocation de cette noble et singulière figure ! Enfoncé dans un antique fauteuil de tapisserie passée à fleurs vertes, au milieu des in-folios fatigués dont les dorures pâlies gardent encore les noms d'Homère et d'Hésiode, vieux bouquins qui garnissent les murs ou s'écroulent dans la poussière sur des tables invisibles, le dernier prêtre des dieux ouvre ses yeux clairs, usés par la lecture, mais toujours ardents : les prunelles si pures, d'un bleu pâle comme la fleur de lin, regardent fixement dans l'invisible avec l'expression presque égarée d'un visionnaire. Le beau reflet de la vie intérieure se joue sur ses traits émaciés que l'âge a rendus transparents : les mèches soyeuses de ses longs cheveux gris, bouclés comme des cheveux d'enfant, flottent autour de ce front large, marqué par l'idée, tourmenté de rides et de veines comme une carte énigmatique. Le nez est droit et singulièrement fin, les joues creuses, ravinées de profonds larmiers ; la bouche hautaine, aux lèvres minces, se perd en des touffeurs de poil décoloré et roussi par de perpétuelles fumeries. Perdu dans sa songerie, le savant penche sur l'épaule son visage triangulaire ; il a laissé éteindre sa pipe, l'amie fidèle des heures sombres et des minutes heureuses, qu'il pétrit nerveusement de sa maigre et belle main.

Les passants ne voyaient pas cette grande image et se détournaient avec curiosité pour regarder glisser dans les ombres du soir la figure falote d'un vieil homme courbé, ridé, aux yeux étincelants, coiffé d'un fez rouge, perdu dans un ample manteau dont la forte trame avait blêmi sous les injures du temps, un petit boa d'enfant, un mimi blanc en poil de lapin roulé deux fois autour du cou.

Et maintenant, nous n'entendrons plus cette voix grave et pénétrante, sa parole infatigable ! Louis Ménard est mort le 9 février 1901, dans cette petite rue du Jardinet qui traverse la cour de Rohan, blottie au creux d'un mur d'enceinte du vieux Paris ; c'est là qu'il s'est éteint, au milieu des ouvriers et des gens du peuple pour qui il avait rêvé la justice, au ras de terre, car il ne pouvait plus marcher ; à son chevet le vieux païen a cru voir la sombre figure des Érinyes et il a confessé ses fautes. Mais devons-nous oublier l'indifférence du siècle ? À son heure dernière, accablé par le sentiment de sa solitude, il a douté de son génie. Il est parti, délaissé par ceux à qui il avait tout donné, mais pardonné de celle qu'il avait aimée et méconnue ; c'est à peine si l'on a pu mettre dans sa main fermée une de ses belles médailles grecques, l'image divine d'Athénée, l'obole d'argent que réclame Charon. En attendant l'heure lente de la justice, il repose au pays des morts, que ce soit la prairie Asphodèle, les Champs-Élyséens, l'île Blanche.

---

1. M. Frédéric Passy a gardé très présents ses souvenirs de collège : « Mr Ménard était un très bon élève, d'une figure douce et charmante, qu'il avait encore quelques années plus tard, après 1848, lorsque, devenu, en paroles du moins, révolutionnaire farouche, il se promenait drapé à la grecque dans son manteau, en mangeant démocratiquement des pommes de terre frites dans la rue. »
2. Dans une lettre écrite à M. Edouard L'hampion, qui l'a publiée dans son intéressant *Tombeau de Louis Ménard*, M. Wallon se rappelle en ces termes son élève de 1837 : « J'ai encore dans ma mémoire sa figure d'enfant, petit, de bonne santé, de bonne humeur, l'œil vif, les joues roses, — fort en contraste avec ce que je l'ai vu plus tard, si maigre, si fatigué !... Je m'intéressai toujours à lui et je fus heureux quand j'appris qu'il avait trouvé à l'Hôtel de Ville une position qui assurait son avenir. » Louis Ménard avait alors 67 ans.
3. « L'influence de l'auteur du Polythéisme hellénique sur celui des Poèmes antiques fut, je puis le dire, prépondérante... Si Leconte de Lisle traduisit et interpréta des textes grecs, c'est qu'il en avait reçu l'amour de la bouche même de Ménard... Celui-ci prenait un livre, vieil in-folio à la reliure fatiguée. Homère, Anacréon, Théocrite ou Porphyre, et traduisait. Non seulement aucune difficulté dans le texte ne pouvait l'arrêter, mais il mettait alors dans sa voix l'expression d'une passion telle que je n'en ai connue chez aucun autre homme de notre génération.

    La vue seule des caractères grecs le transportait de joie ; à la lecture, il était visible qu'il s'animait intérieurement ; au commentaire c'était un enthousiasme. Sa face noble s'illuminait. Dans sa joie de causer des Grecs il s'animait à tel point qu'il en oubliait alors les soins matériels de l'existence et du bien-être. Et il m'arriva, un soir d'hiver que nous expliquions l'Antre de Porphyre, de lui faire tout à coup remarquer qu'il faisait plus froid dans sa chambre sans fou qu'en l'antre des Nymphes. » Entretiens de Ed. Champion avec M. de Heredia.

    (*Tombeau de Louis Ménard*.)
4. Louis Ménard fut pendant de longues années en relations avec le célèbre philosophe kantien Renouvier, Directeur de la *Critique Philosophique*, qui publia à maintes reprises ses articles philosophiques. M. F. Pillon qui succéda, avec une grande distinction, comme directeur de cette revue, à Renouvier, est resté jusqu'à la fin de sa vie intimement lié avec Ménard. Tous deux admiraient son intelligence du génie grec et du polythéisme « ce sentiment qui était comme effacé de l'âme humaine, et qu'il a, pour ainsi dire, retrouvé et restitué ». Renouvier en avait été pour sa part si frappé qu'il fut, pendant un temps, polythéiste.
5. Le premier texte de cette édition est extrait de ces cours. (Simboliqe religieuse)

Copyright © 2022 par Alicia Éditions
Credits Images : www.canva.com,
Création graphique : Alicia Éditions
Modernisation du texte : Alicia Éditions
Tous droits réservés